Kauderwelsch
Band 133

Impressum

Daniel Krasa
Arabisch für die Golfstaaten – Wort für Wort
erschienen im
REISE KNOW-HOW Verlag Peter Rump GmbH
Osnabrücker Str. 79, D-33649 Bielefeld

1. Auflage 2000

Bearbeitung & Layout Alexander Schwarz
Umschlag Peter Rump
Layout-Konzept Günter Pawlak, FaktorZwo! Bielefeld
Fotos Jan-Pieter Dozy (S. 82, 147 & Titelfoto),
Peter Rump (S. 9, 16, 27, 31, 58, 69, 150, 161),
Kultur- und Informationsministerium der V.A.E. (S. 102, 164)
Druck und Bindung Fuldaer Verlagsagentur, Fulda

ISBN 3-89416-496-4
Printed in Germany

Dieses Buch ist erhältlich in jeder Buchhandlung der BRD,
Österreichs, der Schweiz und der Benlux. Bitte informieren Sie
Ihren Buchhändler über folgende Bezugsadressen:
BRD Prolit GmbH, Postfach 9, 35461 Fernwald (Annerod)
sowie alle Barsortimente
Schweiz AVA-buch 2000, Postfach 27, CH-8910 Affoltern
Österreich Mohr Morawa Buchvertrieb GmbH
Sulzengasse2, A-1230 Wien
Benelux Assimil Benelux, 5-7 Rue des Pierres, B-1000 Bruxelles

Wer im Buchhandel kein Glück hat,
bekommt unsere Bücher auch direkt bei:
Rump Direktversan, Heidekampstraße 18, D-49809 Lingen,
oder über unseren Internetshop unter **www.reise-know-how.de**
Zu diesem Buch ist eine **Tonband-Kassette** erhältlich.
Näheres dazu auf Seite 19.

Kauderwelsch

Daniel Krasa

Arabisch für die Golfstaaten

Wort für Wort

REISE KNOW-HOW
im Internet
www.reise-know-how.de

Aktuelle Reisetipps und Neuigkeiten, Ergänzungen nach Redaktionsschluss, Büchershop und Sonderangebote rund ums Reisen

Der
REISE KNOW-HOW Verlag
Peter Rump GmbH
ist Mitglied der
Verlagsgruppe REISE KNOW-HOW

Kauderwelsch-Sprechführer sind anders!

Warum? Weil sie Sie in die Lage versetzen, wirklich zu sprechen und die Leute zu verstehen.

Wie wird das gemacht? Abgesehen von dem, was jedes Sprachbuch bietet, nämlich Vokabeln, Beispielsätze etc., zeichnen sich die Bände der Kauderwelsch-Reihe durch folgende Besonderheiten aus:

Die **Grammatik** wird in einfacher Sprache so weit erklärt, dass es möglich wird, ohne viel Paukerei mit dem Sprechen zu beginnen, wenn auch nicht gerade druckreif.

Alle Beispielsätze werden doppelt ins Deutsche übertragen: zum einen **Wort-für-Wort,** zum anderen in „ordentliches" Hochdeutsch. So wird das fremde Sprachsystem sehr gut durchschaubar. Denn in einer fremden Sprache unterscheiden sich z. B. Satzbau und Ausdrucksweise recht stark vom Deutschen. Ohne diese Übersetzungsart ist es so gut wie unmöglich, schnell einzelne Wörter in einem Satz auszutauschen.

Die **Autorinnen** und **Autoren** der Reihe sind Globetrotter, die die Sprache im Land selbst gelernt haben. Sie wissen daher genau, wie und was die einfachen Leute auf der Straße sprechen. Deren Ausdrucksweise ist nämlich häufig viel einfacher und direkter als z. B. die Sprache der Literatur.

Besonders wichtig sind im Reiseland die **Körpersprache, Gesten, Zeichen und Verhaltensregeln,** ohne die auch Sprachkundige kaum mit Menschen in guten Kontakt kommen. In allen Bänden der Reihe wird darum besonders auf diese Art der nonverbalen Kommunikation eingegangen.

Kauderwelsch-Sprechführer sind keine Lehrbücher, aber viel mehr als Sprachführer! Wenn Sie ein wenig Zeit investieren und einige Vokabeln lernen, werden Sie mit ihrer Hilfe in kürzester Zeit Informationen bekommen und Erfahrungen machen, die „taubstummen" Reisenden verborgen bleiben.

Inhalt

Konversation

Anhang

Seit einigen Jahren entwickelt sich der Persische Golf und seine Anrainerstaaten zu einem beliebten Reiseziel, sowohl für Sonnenhungrige als für Abenteuerreisende. Englisch wird in dieser entstehenden touristischen Infrastruktur immer wichtiger, trotzdem sind die Menschen in so exotischen Ländern wie den Vereinigten Arabischen Emiraten, dem Oman, Kuwait, Bahrain, Katar oder Saudi-Arabien immer noch sehr mit ihrer Tradition, ihrer Religion und ihrer Sprache – dem Arabischen verbunden. Für den interessierten Reisenden ist es unentbehrlich einige Brocken der Sprache des Gastlandes zu sprechen.

Die Araber sind ein extrem aufgeschlossenes und herzliches Volk. Ausländer sind immer willkommen. Wer die Seele seines Reiseziels, die Bevölkerung, kennen lernen will, wird dies leicht schaffen, wenn er ein gewisses Grundwissen an deren Sprache mitbringt.

Dieses Buch vermittelt die in den Golfstaaten gesprochene Variante der Weltsprache Arabisch. Sie werden sehen, dass die Einheimischen Ihre Mühe honorieren werden.

Viel Spaß wünscht,

Daniel Krasa

Land und Sprache

Die Amtssprache der Golfstaaten Bahrain, Katar, Kuwait, Oman, Saudi-Arabien und der Vereinigten Arabischen Emirate ist Hocharabisch. Die Standardform des Arabischen, die auf die geschriebene Sprache des Koran zurückgeht, ist wie Hebräisch eine semitische Sprache, die nicht einfach zu erlernen ist.

Hocharabisch wird gleichermaßen in allen arabischen Ländern gesprochen. Allerdings wird es nur bei öffentlichen Ansprachen, im Radio und Fernsehen, an Schulen und Universitäten, zum Religionsunterricht sowie zum Schreiben von Büchern und Zeitschriften verwendet. Jedes Schulkind lernt Hocharabisch.

Die gesprochene Sprache der Menschen auf der Straße, innerhalb der Familie usw. ist aber eine andere. In den Golfstaaten handelt sich dabei um einen Dialekt, der, im Vergleich zu anderen Ländern, von der Standardsprache nur wenig abweicht. Dieser Dialekt wird im Weiteren vermittelt. Mit Golf-Arabisch wird man, wegen der Nähe zum Hocharabischen, in der ganzen arabischen Welt gut verstanden. Der Dialekt ist grundsätzlich wesentlich einfacher zu lernen als die Hochsprache, wird aber nicht geschrieben. Die Musik der Golfstaaten z. B. ist aber im Dialekt verfasst.

Zwar spricht man übergeordnet von einem Golf-Arabisch, doch gibt es hier natürlich von Land zu Land und vor allem zwischen den einzelnen Stämmen, Unterschiede in Grammatik und im Vokabular. Dies kommt daher, dass auf Grund der schwierigen Lebensverhältnisse in der Wüste keine homogene Besiedelung stattgefunden hat und sich teilweise Sprachinseln erhalten haben.

Natürlich leben die Menschen im omanischen Hajar-Gebirge anders als an der kuwaitischen Küste und das wirkt sich auch auf deren Umgangssprache aus. Grundlage für dieses Buch ist die gesprochene Sprache in und um Abu Dhabi, da diese allgemein gut verstanden wird. Im letzten Teil des Buches wird auf regionale Unterschiede, vor allem im Vokabular, eingegangen.

Wegen der hohen Anzahl an Ausländern in den Golfstaaten ist Golf-Arabisch nicht die einzige Sprache. So kann man in den Städten durchaus auch palästinensisches, ägyptisches oder libanesisches Arabisch hören.

Grundsätzlich ist zu sagen, dass auf dem Land ein reineres Golf-Arabisch gesprochen wird als in den großen Städten und mehr noch von Frauen als von Männern, da diese wenig Kontakt zu anderen Arabern haben.

Das Golf-Arabisch ist ursprünglich die Sprache der Beduinen und tatsächlich ähnelt auch die Sprache der Beduinen außerhalb der Golfstaaten dieser Variante sehr. So wird im Süden Jordaniens, im Südosten des Irak, aber auch in Teilen des Jemen eher Golf-Arabisch gesprochen als die sonst üblichen Dialekte dieser Länder.

Weitere wichtige Sprachen der Golfstaaten sind die der nicht-arabischen Einwohner, vor allem Urdu, Paschto, Persisch, Bengali, Pandschabi, Malayalam, Tagalog und andere. Wann immer man mit Arabisch nicht weiter kommen sollte, ist Englisch die Alternative.

Aussprache und Umschrift

Um dem Lernenden die Aussprache zu erleichtern, verwendet der Kauderwelsch Band „Arabisch für die Golfstaaten“ seine eigene Umschrift. Die arabische Sprache legt vor allem auf die richtige Aussprache der Mitlaute (Konsonanten) großen Wert, da diese automatisch die Grundbedeutung eines Wortes ausmachen. Man spricht auch von Wortfamilien. Die Selbstlaute (Vokale) werden sowohl lang als auch kurz ausgesprochen und gelten als Ergänzung zu diesen Wortfamilien. Im Folgenden wird eine Aussprachetabelle angegeben, die das Wichtigste vermittelt. „Perfekt“ wird man am besten in den arabischen Ländern.

Außerdem werden die Buchstaben des Arabischen aufgeführt.

Arabisch	Laut	Name	Aussprache
ء	'	**hamza**	ein sogenannter Stimmabsatz, bei dem eine kleine Pause gemacht wird, um zwei Silben klar voneinander zu trennen, wie in europ**ä'i**sch, su'âl Frage
	a		kurzes *a* wie in d**a**nn, arḏ Erde, Land
أ	*â*	**alif**	langes *a* wie in M**a**l; bâb Tür
ي	*ê*		ein langes *e* wie in T**ee**; fijêra Fujaira
	i		ein kurzes *i* wie in b**i**tte; hini hier
ي	*î*		ein langes *i* wie in b**ie**ten; çibîr groß
ب	*b*	**bâ'**	klingt wie im Deutschen; bgara Kuh

Arabisch	Laut	Name	Aussprache
ب	*p*	**pâ'**	ein deutsches *p* wie in **P**ass; pôlîs Polizist (kommt nur in Lehnwörtern vor)
ت	*t*	**tâ'**	ein klares *t* wie in **T**eig; tijâra Handel
ث	*th*	**thâ'**	ein englisches *th* wie in **th**eatre; thawra Revolution (dieser Laut kommt aber selten vor)
ج	*j*	**jîm**	das deutsche *dsch* wie in **Dsch**ungel oder im englischen **J**ohn; jadîd neu in Kuwait und den Emiraten oft wie das deutsche *j* in **j**a
ح	*h̲*	**h̲â'**	ein gehauchtes *h,* stärker betont als **H**aus, aber schwächer als ma**ch**en, wenn man das Wort Scha**ch** ganz laut flüstert, ist man recht nahe dran; halîb Milch
خ	*ch*	**châ'**	das deutsche *ch* wie in Kra**ch**; chalâs̲! es reicht!
د	*d*	**dâl**	ein *d* wie in **D**onau; dâr Haus
ذ	*dh*	**dhâl**	ein weich gesprochenes englisches *th* wie in **th**at; dhahab Gold
ر	*r*	**râ'**	ein gerolltes *r* wie im italienischen **R**oma; râs Kopf
ز	*z*	**zây**	ein stimmhaftes, weich gesprochenes *s* wie in **S**enf; zawja Ehefrau
س	*s*	**sîn**	ein hart gesprochenes *s,* das an das deutsche scharfe s (ß) erinnert, z. B. Ga**ss**e; salâm Friede
ش	*sh*	**shîn**	ein einzelner Buchstabe, der dem deutschen *sch* entspricht; shukran danke

Aussprache und Umschrift

Arabisch	Laut	Name	Aussprache
ص	*s̲*	**s̲âd**	ein scharfes, dumpfes *s*, das so weit hinten wie möglich, im Rachen gesprochen wird und darauf folgende Selbstlaute dumpf klingen lässt; saghîr klein
ض	*d̲*	**d̲âd**	ein dumpfes *d*, das die folgenden Selbstlaute dumpf färbt; darûri nötig, notwendig
ط	*t̲*	**t̲â'**	ein dumpfes *t*, das im hinteren Teil der Mundhöhle so gesprochen wird, dass es fast verschluckt wird; t̲âlib Student
ظ	*z̲*	**z̲â'**	ein dumpfes, aber weiches *s*; zarf Umschlag, oft wie dâd gesprochen
ع	*	***ein**	ein kurzes, in der zusammengepressten Kehle gebildetes *ä*. Dieser Ton wird praktisch aus dem hinteren Rachenraum herausgepresst und klingt dadurch leicht dumpf; *arabî Araber
غ	*gh*	**ghein**	ein dumpfes *r*, das ebenfalls in der Kehle gesprochen wird. Es klingt, als ob man ein nicht gerolltes *r* und ein *ch* gleichzeitig spricht. *gh* ist ein Buchstabe; ghâli teuer
ف	*f*	**fâ'**	ein *f* wie in **F**euer; fagîr arm
ق	*q*	**qâf**	ein dumpfes, weit hinten im Rachen gesprochenes *k*; qur'ân Koran (kommt vor allem in hocharabischen Wörtern vor)

Arabisch	Laut	Name	Aussprache
ق	*g*	**gâf**	ein deutsches *g* wie in **g**ut; galam Stift qâf und gâf sind eigentlich die gleichen Buchstaben, sie unterscheiden sich nur regional in der Aussprache.
ك	*k*	**kâf**	ein *k*, wie in **K**ino; il-kwêt Kuwait
ك	*ç*	**çâf**	ein hartes *tsch* wie in Qua**tsch**; çalb Hund; kâf und çâf sind eigentlich die gleichen Buchstaben, sie unterscheiden sich nur regional in der Aussprache – dieses ç ist typisch für die Beduinendialekte. Im Oman wird es oft wie unser *sch* ausgesprochen.
ل	*l*	**lâm**	ein *l* wie in **l**aut; lêla Nacht
م	*m*	**mîm**	ein *m* wie in **M**ann; madîna Stadt
ن	*n*	**nûn**	ein *n* wie in **N**uss; nâs Leute
	o		ein kurzes *o* wie in s**o**ll; boṯil Flasche
و	*ô*		ein langes *o* wie in T**o**d; fôg auf, über
ه	*h*	**hâ'**	ein deutsches *h* wie in **h**allo; hilâl Neumond
و	*w*, *û*	**wâw**	ein englisches *w* wie in **w**ay. Nicht wie das deutsche *w*. Dieser Laut klingt auch oft einfach wie ein langes *u*, wie z. B. in **U**hr; wên wo
ي	*y*	**yâ'**	ein deutsches *j* wie in **J**ahr; yôm Tag

Anmerkungen: *Die Buchstaben* *ein, ghein *und* qâf *sind für Europäer wohl am schwersten auszusprechen. Man sollte sie sich oft von Muttersprachlern vorsprechen lassen und nicht aufgeben, sie zu üben. Wie bereits gesagt, gibt es in den Golfstaaten viele Dialekte, die sich auch in der Aussprache der Töne oft unterscheiden. Das ist zum Beispiel der Fall bei* qâf *und* gâf *oder* kâf *und* çâf. *Vergleichen Sie hierzu die arabischen Buchstaben!*

Betonung

Es werden immer die langen Selbstlaute (â, ê, î, ô, û) eines Wortes betont. Zum Beispiel bei mistânis (froh) ist das die vorletzte Silbe. Kommen in einem Wort zwei lange Selbstlaute vor, wird der letztere betont – târîch (Datum, Geschichte). Gibt es in einem Wort allerdings keinen langen Selbstlaut, wird der erste kurze betont - *indak (du hast).

Wörter, die weiterhelfen

Folgende Phrasen sind sozusagen überlebenswichtig und leicht anzuwenden. Entsprechende Wörter bitte dem Anhang entnehmen.

***afwan!**	Entschuldigung!
min fadlak!	Bitte! (sagt man zu einem Mann)
min fadliç!	Bitte! (sagt man zu einer Frau)
shûkran!	Danke!

Die wichtigsten Fragen

fî ...?	Gibt es ...?
fî pâs?	Gibt es einen Bus?
fî mustashfa?	Gibt es ein Krankenhaus?

Mögliche Antworten hierauf sind:

na*am, fî	Ja, gibt es.
lâ, mâ fî	Nein, gibt es nicht.
wên ...?	Wo ist ...?

wên maugif il-pâs?
wo Haltestelle der-Bus
Wo ist die Bushaltestelle?

wên fî utêl?
wo es-gibt Hotel
Wo gibt es ein Hotel?

Wörter, die weiterhelfen

shimâl	links
yimîn	rechts
***ala tûl**	geradeaus
hini	hier
ihnâk	dort
liff!	bieg ab!

âna adawwir ...
ich ich-suche ...
Ich suche nach ...

âna adawwir iṯ-ṯarîg.
ich ich-suche die-Straße
Ich suche nach der Straße.

shû hâdha?
was dieser
Was ist das?

âna abgha ... / âna abi ...
ich ich-will / ich ich-will
Ich möchte ...

âna abgha ghurfa.
ich ich-möchte Zimmer
Ich möchte ein Zimmer.

In den folgenden Wortlisten kommen teilweise mehrere arabische Übersetzungen für einen deutschen Begriff vor. Dies hängt damit zusammen, dass es in den Golfstaaten eine Vielzahl von Dialekten gibt, die einige Unterschiede im Wortschatz aufweisen. Gibt es also zwei arabische Wörter für einen deutschen Begriff, steht zwischen den beiden Wörtern ein „a" für „auch".

Das trifft übrigens auch schon bei den Begriffen abgha und abi für „ich will" bzw. „ich möchte" zu.

saidaliya	Apotheke
dachtôr a: **tbîb**	Arzt
bank	Bank
sîfâra	Botschaft (diplomatisch)
pâs a: **otobês**	Bus
matâr	Flughafen
utêl a: **fundug**	Hotel
mustashfa	Krankenhaus
shurta	Polizei
maktab il-barîd	Postamt
mat*am	Restaurant
taksi	Taxi
hijra a: **ghurfa**	Zimmer

Kauderwelsch-Begleitkassette

Falls Sie sich die Sätze, die in diesem Buch vorkommen, einmal von einem Einheimischen gesprochen anhören möchten, dann können Sie sich die ***Kauderwelsch-Begleitkassette*** ***ISBN: 3-89416-497-2*** *zu diesem Buch besorgen. Jeder Buchhändler kann sie beziehen. Sie bekommen sie aber auch beim Rump-Direktversand oder über unseren Internetshop* ***www.reise-know-how.de***

Die Wortbildung im Arabischen

Die Wortbildung im Dialekt- sowie im Hocharabischen ist sehr logisch. Die meisten Wörter lassen sich auf drei Stammkonsonanten (Mitlaute) reduzieren, die die Wurzel des Begriffs darstellen. Die eingeschobenen Selbstlaute, seien sie lang oder kurz, oder auch zusätzliche Mitlaute werden um diesen Stamm platziert und machen den jeweiligen Sinn des Wortes aus. Ein Beispiel ist der Stamm k-t-b, aus dem sich Begriffe ergeben, die alle etwas mit Schreiben zu tun haben:

kitab	er schrieb
kâtib	Schriftsteller
kitâba	Schrift
ktâb	Buch
yiktib	er schreibt
maktaba	Bibliothek
maktab	Büro

Man sieht, dass es mit dieser Regel gar nicht so schwer ist, sich Wörter zu merken, und vielleicht sogar die zu erkennen und zu verstehen, die man noch gar nicht kennt. Wie man am vorhergehenden Beispiel leicht erkennen kann, ändert sich die Reihenfolge der Mitlaute innerhalb der Wortkonstruktionen nie. Man sollte noch bedenken, dass ch, gh und sh im Arabischen jeweils als ein Buchstabe gelten und nicht wie bei uns als zwei.

Hauptwörter

Geschlecht

In der arabischen Sprache gibt es zwei Geschlechter: das weibliche und das männliche (die im weiteren mit „w“ und „m“ abgekürzt werden). Erstens sind alle Wörter weiblich, die auf -a enden:

madrasa	Schule
madîna	Stadt

Zweitens sind alle Wörter weiblich, die spezifisch Frauen meinen:

umm	Mutter
bint	Mädchen / Tochter
uchut	Schwester
jadda	Großmutter

Drittens sind alle Wörter weiblich, die Städte- und Ländernamen bezeichnen, sowie Wörter, die einen Ort beschreiben, indem man sich aufhält oder wohnt.

abu zabi	Abu Dhabi
dbayy	Dubai
bahrên	Bahrein
gitar	Katar
il-kwêt	Kuwait

→

Hauptwörter

Im Golf-Arabischen heißt Kuwait il-kwêt, *in Kuwait selbst verändert sich der Artikel* il *zu* li *und wird* li-kwêt.

→

il-kwêt	Kuwait
***umân**	Oman
is-su*ûdiya	Saudi-Arabien
almâniya	Deutschland
in-nimsa	Österreich
swîsra	Schweiz
il-ard	die Erde
id-dâr	das Haus
il-balad	die Stadt, das Dorf

Außerdem sind die folgenden Wörter weiblich:

ish-shams	die Sonne
in-nâr	das Feuer
ir-rîh	der Wind
il-harb	der Krieg

Fast alle anderen Wörter sind männlich. Jedes männliche Wort kann aber durch Anfügen eines -a zu einem weiblichen werden, selbstverständlich nur, wenn es einen Sinn ergibt.

çalb	Hund
çalba	Hündin
tabbâch	Koch
tabbâcha	Köchin

Artikel

ghurfa	ein Zimmer
sûg	ein Markt
dâr	ein Haus
risâla	ein Brief
flûs	ein Geld(stück)
chêma	ein Zelt
rayyâl	ein Mann

Im Arabischen gibt es, im Unterschied zum Deutschen, keinen unbestimmten Artikel (ein, eine usw.). Steht das Wort allein, so ist es automatisch unbestimmt.

Im Golf-Arabischen gibt es jedoch die Möglichkeit, das Zahlwort wâhid für männliche und wâhda für weibliche Hauptwörter als unbestimmten Artikel zu verwenden, indem man es dem entsprechenden Hauptwort nachstellt.

ghurfa wâhda	ein Zimmer
ajnabî wâhid	ein Ausländer

Der bestimmte Artikel (der, die, das) ist bei allen Formen, ob männlich oder weiblich, Einzahl oder Mehrzahl, immer il-. Er wird vor das Wort gestellt und mit ihm als Einheit gesprochen.

il-mahatta	die Station
il-binâya	das Gebäude
il-ktâb	das Buch
il-mara	die Frau
il-bint	das Mädchen

Beginnt das entsprechende Wort jedoch mit einem sog. Sonnenbuchstaben, wird das Artikel-l durch den jeweiligen Anfangsbuchstaben ersetzt. Die Sonnenbuchstaben sind: d, dh, d̲, l, n, r, s, s̲, sh, t, t̲, th, z, z̲.

id-dâr	das Haus
is-sûg	der Markt
ir-rayyâl	der Mann
it̲-t̲ayyâra	das Flugzeug
id̲-d̲êf	der Gast
it̲-t̲arîg	der Weg
ish-shams	die Sonne

Mehrzahl / Plural

Im Golf-Arabischen gibt es mehrere Arten, die Mehrzahl zu formen.

Erst einmal die regelmäßigen.

Mehrzahl männlich: -în angehängt an das Wortende.

Mehrzahl weiblich: -ât statt dem -a.

Regelmäßige Pluralformen haben z. B. die Wörter:

männlich:	**muhandis**	Ingenieur
	muhandisîn	Ingenieure
	mudîr	Direktor
	mudîrîn	Direktoren
	mu*allim	Lehrer
	mu*allimîn	Lehrer

baẖrêni	Bahraini
baẖrêniyyîn	Bahrainis
giṯari	Katari
giṯariyyîn	Kataris

Enden die Wörter auf -i, *so wird statt* -în -yyîn *angehängt.*

weiblich:

sharika	Firma
sharikât	Firmen
biṯâga	Karte, Ausweis
biṯâgât	Karten, Ausweise
ṯâliba	Studentin
ṯâlibât	Studentinnen
wilâya	Staat
wilâyât	Staaten

sadîg	Freund
asdiga	Freunde
bint	Mädchen
banât	Mädchen
bêt	Haus
byût	Häuser
rayyâl	Mann
rayâyîl	Männer
yôm	Tag
ayyâm	Tage
ṯâlib	Student
ṯullâb	Studenten
ktâb	Buch
kutub	Bücher
madrasa	Schule
madâris	Schulen
***ên**	Auge
***ayûn**	Augen

Außerdem gibt es die unregelmäßigen Pluralformen, die sich teils sehr, teils kaum von der Einzahlform unterscheiden. Man muss diese leider einfach lernen.

Viele Lehnwörter werden mit -ât gebildet.

pâs̲	Bus
pâs̲ât	Busse
utêl	Hotel
utêlât	Hotels

Zweizahl

Zusätzlich zu Einzahl und Mehrzahl gibt es im Arabischen noch die Zweizahl (Dual). Gebildet wird der Dual durch Anhängen von -ên. Bei weiblichen Wörtern, die auf -a enden, wird bei der Zweizahl -tên angehängt.

***ên**	Auge
***ênên**	zwei Augen
yadd	Hand
yaddên	zwei Hände
dînar	Dinar
dînarên	zwei Dinar
dirham	Dirham
dirhamên	zwei Dirham
shahar	Monat
shaharên	zwei Monate
yôm	Tag
yômên	zwei Tage

sâ*a	Stunde
sâ*tên	zwei Stunden

Gattungsbezeichnungen

Im Arabischen werden verschiedene Wörter unter Gattungsbegriffen zusammengefasst. Dies ist der Fall bei Gemüse, Obst, Blumen, Bäumen, Tieren etc. Diese Gattungsbezeichnungen (Kollektiva) beschreiben einfach eine unbekannte Anzahl eines bestimmten Begriffs.

So sind bêd zum Beispiel einfach Eier, meint man ein einzelnes Ei, wird ein -a angehängt (bêda) und es gilt als weibliches Hauptwort.

yihh	Wassermelonen
yihha	eine Wassermelone
battîch	Honigmelonen
battîcha	eine Honigmelone
simaç	Fische
simça	ein Fisch
laham	Fleisch
lahma	ein Stück Fleisch

Zusammengesetzte Hauptwörter

Um ein Hauptwort näher zu beschreiben, können die Wörter nicht wie im Deutschen einfach aneinandergereiht werden, sondern man benötigt eine bestimmte grammatikalische Konstruktion. Diese wird gebildet, indem man die Hauptwörter mit dem Artikel il- verbindet.

markaz il-madîna
Zentrum die-Stadt
Stadtzentrum

dachtôr il-asnân
Arzt die-Zähne
Zahnarzt

majlis ish-shuyûch
Rat die-Scheichs
Staatsrat, Senat

Endet das erste Wort auf -a, so wird es zu -at.

dachtôrat il-asnân
Ärztin die-Zähne
Zahnärztin

zawjat ir-rayyâl
Ehefrau der-Mann
die Ehefrau des Mannes

Eigenschaftswörter

Geschlecht

Im Arabischen richtet sich das Geschlecht der Eigenschaftswörter automatisch nach dem Hauptwort. Die Grundform des Eigenschaftswortes ist immer männlich. Durch Anhängen eines -a in der Einzahl wird die weibliche Form gebildet.

walad jamîl
Junge schön(m)
ein schöner Junge

bint jamîla
Mädchen schön(w)
ein schönes Mädchen

Will man von einer bestimmten Person sprechen, so fügt man dem Hauptwort sowie dem Eigenschaftswort den bestimmten Artikel il- zu.

ir-rayyâl il-jamîl
der-Mann der-schön(m)
der schöne Mann

il-mara il-jamîla
die-Frau die-schöne(w)
die schöne Frau

Endet ein männliches Eigenschaftswort auf -i, wird bei der weiblichen Form -yya angehängt.

ktâb ghâli
Buch teuer(m)
ein teures Buch

jarîda ghâliyya
Zeitung teuer(w)
eine teure Zeitung

Mehrzahl

Im Bezug auf Hauptwörter, die Personen bezeichnen, werden die entsprechenden Eigenschaftswörter nach dem gleichen Strickmuster in den Plural gesetzt, wie bereits bei den Hauptwörtern gesehen.

Mehrzahl männlich:	-în an das Wortende
Mehrzahl weiblich:	-ât an das Wortende

ir-rayyis il-mistânis
der-Chef der-zufriedene(m)
der zufriedene Chef

ir-rayyisîn il-mistânisîn
die-Chefs die-zufriedenen(Mz)
die zufriedenen Chefs

il-mu*allima il-çibîra
die-Lehrerin die-große(Mz)
die große Lehrerin

il-mu*allimât il-çibîrât
die-Lehrerinnen die-großen(Mz)
die großen Lehrerinnen

Auch hier gibt es Ausnahmen, da viele Eigenschaftswörter unregelmäßige Mehrzahlformen haben.

Diese spielen aber im Rahmen dieses Buches keine Rolle.

Wenn die Eigenschaftswörter jedoch einen Gegenstand oder ein Tier beschreiben, wird in der Mehrzahl das -a der weiblichen Formen angehängt. Egal ob es sich um eine scheinbar männliche oder weibliche Pluralform handelt.

il-çalb i<u>s</u>-<u>s</u>aghîr
der-Hund der-kleine(m)
der kleine Hund

il-çlâb i<u>s</u>-<u>s</u>aghîra
die-Hunde die-kleine(w)
die kleinen Hunde

il-mishkila i<u>s</u>-<u>s</u>a*ba
die-Problem die-schwierige(w)
das schwierige Problem

il-mashâkil i<u>s</u>-<u>s</u>a*ba
die-Probleme die-schwierige(w)
die schwierigen Probleme

Eigenschaftswörter

Wichtige Eigenschaftswörter

zên a: **ṯayyib**	gut	**bâṯir**	schlecht
çibîr a: **kibîr**	groß	**s̱aghîr**	klein
jamîl	schön	**bashi***	häßlich
tawîl	lang	**gasîr**	kurz
marîd	krank	**sâlim**	gesund
gawi	stark	**da*îf**	schwach
jadîd	neu	***atîj** a: **qadîm**	alt (Sache)
		çibîr a: **kibîr**	alt (Mensch)
mistânis	zufrieden	**za*lân**	verärgert
hârr	warm / heiß	**bârid**	kalt
rachîs	billig	**ghâli**	teuer
bi-sur*a	schnell	**bi-hudu'**	langsam
hilu	süß	**hâmid**	sauer
nazîf	sauber	**was̱ich**	schmutzig
wâjid a: **kathîr**	viel	**galîl**	wenig
garîb	nah	**ba*îd**	weit
thagîl	schwer (Gewicht)	**chafîf**	leicht (Gewicht)
basîṯ	einfach	**s̱a*b**	schwierig
fagîr	arm (finanziell)	**ghani**	reich
miskîn	arm (bemitleidenswert)		
***âli**	hoch	**gas̱îr**	niedrig
malyân	voll	**fâḏi**	leer
s̱aẖayân	wach	**ta*abân**	müde
s̱aẖẖ	richtig	**ghalaṯ**	falsch
masrûr	glücklich	**hazîn**	traurig
bakîr a: badri	früh	**muta'achchir**	(zu) spät
hâdi	ruhig	**mista*jil**	gehetzt, in Eile
dhaki	intelligent	**majnûn**	verrückt
balâsh	umsonst		

Des Weiteren hier die wichtigsten Farben in ihren männlichen und weiblichen Formen, sowie in ihren Mehrzahlformen.

abyad̲ / bêd̲a / bîd̲	weiß
aswad / sôda / sûd	schwarz
h̲amar / h̲amra / h̲umur	rot
azrag / zarga / zurg	blau
as̲far / s̲afra / s̲ufur	gelb
achd̲ar / chad̲ra / chud̲ur	grün
bunni / bunniyya / -yyîn	braun *(kaffeefarben)*
dhahabi / dhahabiyya / -yyîn	golden
fad̲d̲i / fad̲d̲iyya / -yyîn	silbern

Sätze ohne Verben

Die ersten Sätze lassen sich jetzt schon aus Haupt- und Eigenschaftswörtern basteln. Das deutsche Hilfsverb „sein“ gibt es im Arabischen in der Gegenwart nicht. Man kann Wörter einfach zusammenstellen, sofern die Geschlechter übereinstimmen.

il-bint bashi*a.
das-Mädchen hässlich(w)
Das Mädchen ist hässlich.

il-bi*îr çibîr.
das-Kamel groß(m)
Das Kamel ist groß.

il-bint il-jamîla marîda.
das-Mädchen die-schöne(w) krank(w)
Das schöne Mädchen ist krank.

ir-rayyâl il-ghani saghîr.
der-Mann der-reiche(m) klein(m)
Der reiche Mann ist klein.

Ganz einfach, oder? Das Gleiche gilt auch für die Mehrzahl. Nur Vorsicht bei der Unterscheidung zwischen Menschen und Gegenständen bzw. Tieren.

il-banât jamîlât.
die-Mädchen schön(w, Mz)
Die Mädchen sind schön.

it-tullâb mashghûlîn.
die-Studenten beschäftigt(m, Mz)
Die Studenten sind beschäftigt.

is-sayyârât jadîda.
die-Autos neu(w)
Die Autos sind neu.

il-aswâg ba*îda.
die-Märkte weit(w)
Die Märkte sind weit weg.

Dieses und Jenes

Die hinweisenden Fürwörter (Demonstrativpronomen) werden im Arabischen vor das Hauptwort gestellt. Sie sind:

Man muss unterscheiden zwischen Sätzen, in denen das Hauptwort mit oder ohne Artikel steht. Hierbei ändert sich nämlich oft der Sinngehalt; je nachdem ob es sich um eine Bestärkung des Hauptwortes oder um einen Nominalsatz handelt.

hâdha	dieser hier (m)
hâdhi	diese hier (w)
hâdhêl a: **hâdhôl**	diese hier (Mz)
ha-l-	diese(r) hier (mit Artikel) (m/w/Mz)
hâdhâk	jener dort (m)
hâdhîk a: **hâdhîç**	jene dort (w)
hâdhôlak	jene dort (Mz)

ha-l-bint	dieses Mädchen (hier)
ha-r-rayyâl	dieser Mann (hier)
hâdhîç il-mara	jene Frau (dort)
hâdhâk il-mu*allim	ener Lehrer (dort)

aber:

hâdhêl kadhdhâbîn.
diese(Mz) Lügner(Mz)
Diese hier sind Lügner.

hâdhôlak muslimîn.
jene(Mz) Moslems(Mz)
Jene dort sind Moslems.

ha-s-sayyida masrûra.
diese-die-Dame glücklich(w)
Diese Dame ist glücklich.

hâdhâk is-su*ûdi miskîn.
jener(m)-der-Saudi arm(m)
Jener Saudi ist arm (bemitleidenswert).

Fürwörter

Persönliche Fürwörter

Die weiblichen Mehrzahlformen intin *und* hin *werden nur verwendet, wenn es sich um reine Frauengruppen handelt. Sobald sich auch nur ein Mann unter ihnen befindet, benutzt man die männlichen.*

âna	ich
inta	du(m), Sie(m)
inti	du(w), Sie(w)
huwa	er
hiya	sie
nih̲in a: **ih̲na**	wir
intum	ihr(m)
intin	ihr(w)
hum	sie(m, Mz)
hin	sie(w, Mz)

Im Arabischen wird unterschieden, ob derjenige, den man anspricht, ein Mann oder eine Frau ist.

âna *arabiyya.
ich Araberin(w)
Ich bin Araberin.

hum muslimîn.
sie(m, Mz) Mosl.(Mz)
Sie sind Moslems.

Zusätzlich sollte gesagt werden, dass es keinen Unterschied zwischen „du“ und „Sie“ als Anrede gibt (genau wie im Englischen).

inta ta*abân.
du(m) müde(m)
Du bist müde.

inti gawiyya.
du(w) stark(w)
Du bist stark.

nih̲in almân.
wir Deutsche(Mz)
Wir sind Deutsche.

intum git̲ariyyîn.
ihr(m) Kataris(Mz)
Ihr seid Kataris.

Besitzanzeigende Fürwörter

Die besitzanzeigenden Fürwörter stehen im Arabischen als Anhängsel (Suffix) hinter dem Hauptwort. Es gibt einen Unterschied bei diesen Endungen, abhängig davon, ob der letzte Buchstabe des Hauptwortes ein Mitlaut oder ein Selbstlaut ist.

Wie man sieht, sind diese Endungen nicht nur als besitzanzeigende Fürwörter zu gebrauchen, sondern auch für den Wen- und Wem-Fall.

Wort endet auf	Mitlaut	Selbstlaut
mein, mich, mir	**-i / -ni**	**-ya**
dein, dich, dir(m)	**-ak**	**-k**
dein, dich, dir(w)	**-iç**	**-ç**
sein, ihn, ihm	**-ah**	**-h**
ihr, sie, ihr	**-ha**	**-ha**
unser, uns	**-na**	**-na**
euer, euch (m)	**-kum**	**-kum**
euer, euch (w)	**-kin**	**-kin**
ihr, sie, ihnen (m, Mz)	**-hum**	**-hum**
ihr, sie, ihnen (w, Mz)	**-hin**	**-hin**

Vorsicht bei Wörtern, die auf -a *enden. Sie verwandeln ihre Endungen in* -at *und erhalten folglich die Mitlautendungen (*jaddati, *meine Großmutter;* zawjatak, *deine Ehefrau).*

ktâb	Buch	**uchu**	Bruder
ktâbi	mein Buch	**uchuya**	mein Bruder
ktâbak	dein(m) Buch	**uchuk**	dein(m) Bruder
ktâbiç	dein(w) Buch	**uchuç**	dein(w) Bruder
ktâbah	sein Buch	**uchuh**	sein Bruder
ktâbha	ihr Buch	**uchuha**	ihr Bruder
ktâbna	unser Buch	**uchuna**	unser Bruder
ktâbkum	euer(m) Buch	**uchukum**	euer(m) Bruder
ktâbkin	euer(w) Buch	**uchukin**	euer(w) Bruder
ktâbhum	ihr(m, Mz) Buch	**uchuhum**	ihr(m, Mz) Bruder
ktâbhin	ihr(w, Mz) Buch	**uchuhin**	ihr(w, Mz) Bruder

Scheinverben

Um die deutschen Verben „haben“, „besitzen“, „können“, „müssen“ und „brauchen“ auszudrücken, benutzt man im Arabischen sogenannte Scheinverben.

Das sind Wörter, die mit Hilfe der Endungen der besitzanzeigenden Fürwörter ihre eigentliche Bedeutung verlieren und zu den uns bekannten Hilfsverben werden.

Haben und Besitzen

Um die Hilfsverben „haben“ , „besitzen“ ausdrücken zu können, benutzt man das Verhältniswort *ind (bei) plus die Endungen der besitzanzeigenden Fürwörter. Die persönlichen Fürwörter kann man auch weglassen.

***indi**	ich habe
***indak**	du hast(m)
***indiç**	du hast(w)
***indah**	er hat
***indaha**	sie hat
***indana**	wir haben
***indakum**	ihr habt(m, Mz)
***indakin**	ihr habt(w, Mz)
***indahum**	sie haben(m, Mz)
***indahin**	sie haben(w, Mz)

***indi dâr jamîla.**
bei-mir Haus schön(w)
Ich habe ein schönes Haus.

Für die Vergangenheit von „haben“ wird einfach kân *ind+... gesagt.

kân *indi dâr çibîra.
war bei-mir Haus groß(w)
Ich hatte ein großes Haus.

Bei sich haben

Das Verhältniswort „bei sich haben“ ist ma* (mit) plus die besitzanzeigenden Fürwörter.

ma*i kibrît.
mit-mir Streichhölzer
Ich habe Streichhölzer dabei.

ma*ak tadhkara?
mit-dir(m) Fahrkarte
Hast du eine Fahrkarte bei dir?

Im Golf-Arabischen gibt es noch eine Sonderform um Zugehörigkeiten zu beschreiben. Dabei handelt es sich um das Wörtchen <u>h</u>agg *(gehörend-zu)*, das wie folgt gebraucht wird:

***indak wîza <u>h</u>agg il-ba<u>h</u>rên?**
bei-dir Visum gehörend-zu das-Bahrain.
Hast du ein Visum für Bahrain?

Können

Um „können" auszudrücken, verwendet man mumkin (möglich). Wenn sich dieses Wort auf eine Person beziehen soll, stellt man ihm das Verhältniswort li- (für) nach, an das dann die entsprechenden besitzanzeigenden Fürwörter gehängt werden. „Ich kann" heißt dann mumkin lî.

mumkin lî adris il-*arabiyya.
möglich für-mich ich-lerne das-Arabische
Ich kann Arabisch lernen.

mumkin allein heißt auch „vielleicht" oder „möglicherweise".

mumkin *indi wagt bâçir.
vielleicht bei-mir Zeit morgen
Vielleicht habe ich morgen Zeit.

mumkin wird auch bei der Frage um Erlaubnis gebraucht.

mumkin?
möglich
Darf ich?

mumkin aji il-yôm?
möglich ich-komme der-Tag
Darf ich heute kommen?

Müssen und Brauchen

Das Verhältniswort lâzim (notwendig) drückt „brauchen“ aus. Die Endungen der persönlichen Fürworter werden auch hier angehängt. Allerdings wird bei der ich-Form die Endung -ni benutzt.

Vor einem Verb heißt lâzim *müssen.*

âna lâzimni akil wa-sharâb.
ich notwendig-mir Essen und-Getränk
Ich brauche etwas zu essen und zu trinken.

âna lâzim asâfir ila il-kwêt.
ich notwendig ich-reise nach Kuwait
Ich muss nach Kuwait reisen.

Steigern und Vergleichen

Um Eigenschaftswörter im Arabischen zu steigern (wie z.B. schön / schöner / am schönsten) gibt es ein fast schon mathematisches Schema, nach dem die Wörter verändert werden. Zuerst einmal muss man wissen, dass die meisten arabischen Eigenschaftswörter aus einem Gerüst von drei Mitlauten (Konsonanten) bestehen. Diese Mitlaute bleiben bei der Steigerung als Einziges erhalten und werden in das nun folgende Schema eingesetzt.

a *steht für den Buchstaben a;* 1.M *ist der erste Mitlaut,* 2.M *der zweite und* 3.M *der dritte. Das klingt vielleicht etwas verwirrend, aber es wird im Folgenden, durch ein Beispiel, anschaulich gemacht.*

a	1.M	2.M	**a**	3.M

Steigern und Vergleichen

Das arabische Wort rachîs̲ (billig) hat die drei verborgenen Konsonanten r, ch und s̲. Wenn man diese jetzt in das Schema einsetzt, erhält man archas̲ (billiger / am billigsten). So funktioniert das mit fast allen Eigenschaftswörtern.

Eine wichtige Ausnahme bzw. Sonderform ist zên (gut): azyan a: ah̲san, besser

hâdha aghla wâjid.
dieser(m) teurer sehr
Das ist viel teurer.

il-yôm il-hawa ajmal shwayy.
heute das-Wetter schöner wenig
Das Wetter ist heute etwas schöner.

Sonst gibt es einige Ausnahmen, die eigentlich gar keine sind. Das liegt dann meist an den Dialekten der Golfstaaten und an der Tatsache, dass manche Laute auf zwei Arten ausgesprochen werden können. Ein wichtiges Beispiel hierfür ist zum Beispiel çibîr *(groß) und die Steigerungsform* akbar *(größer / am größten). Vergleichen Sie dazu die Ausspracheregeln.*

Wörter, die scheinbar mehr als drei Mitlaute haben, können auch gesteigert werden, indem man ihnen das Wort akthar (mehr) nachstellt.

sadîgi mashghûl akthar.
Freund-mein beschäftigt mehr
Mein Freund ist beschäftigter (hat mehr zu tun).

Will man zwei Dinge vergleichen, stellt man das Wörtchen min (als) dazwischen.

ha-n-nachla akbar min hâdhîk.
diese-die-Palme größer als jene(w)
Diese Palme ist größer als jene.

il-çây ahsan min il-gahwa.
der-Tee ist besser als der-Kaffee
Tee ist besser als Kaffee.

Auch die Endungen der persönlichen Fürwörter können wieder angefügt werden.

***Ali aghna wâjid minni.**
Ali reicher sehr als-mich
Ali ist viel reicher als ich.

Übrigens, wenn man sagen will, dass etwas zu groß, zu teuer etc. ist, setzt man kathîr (viel) hinter das entsprechende Eigenschaftswort.

çibîr kathîr	zu groß
ghâli kathîr	zu teuer

Abschließend wird hier noch die Meistform (Superlativ) erklärt. Hierbei kann die Steigerungsform allein mit dem Artikel stehen:

huwa il-ajmal.
er der-schöner
Er ist der schönste.

Oder, bei Wörtern mit mehr als drei Mitlauten, können auch die Ausdrücke shayy (Sache) oder wâhid (einer) nachgestellt werden.

huwa mashghûl akthar wâhid.
er beschäftigt mehr einer
Er ist der Beschäftigtste.

Tätigkeitswörter

Die Verben sind im Arabischen ein wichtiges Kapitel, das in der Hochsprache einige Tücken beinhaltet, beim Dialekt der Golfstaaten kommen diese jedoch nicht vor!

Vergangenheit

Auch die Verben bestehen aus Stämmen, von denen die meisten drei Mitlaute umfassen, hieraus ergeben sich die verschiedenen Formen. Die arabische Grundform eines Verbes entspricht der deutschen 3. Person Einzahl in der Vergangenheit.

Wo man bei uns „studieren“, „schreiben“ oder „trinken“ sagt, sagt der Araber „er-studierte“, „er-schrieb“ oder „er-trank“. An diese Grundform kommen nun personenspezifische Endungen. Das persönliche Fürwort (ich, du, er ...) kann weggelassen werden, da ja bereits definiert wurde, wer gemeint ist.

diras	er studierte
kitab	er schrieb
shirib	er trank

Die personenbezogenen Formen sind dann:

-t	ich
-t	du(m)
-ti	du(w)
(Grundform)	er
-at	sie
-na	wir
-tu	ihr(m, Mz)
-tin	ihr(w, Mz)
-û	sie(m, Mz)
-an	sie(w, Mz)

Bei dem Verb wisal (ankommen) sieht das dann so aus:

wisalt	ich kam an
wisalt	du kamst an(m)
wisalti	du kamst an(w)
wisal	er kam an
wisalat	sie kam an
wisalna	wir kamen an
wisaltu	ihr kamt an(m)
wisaltin	ihr kamt an(w)
wisalû	sie kamen an(m, Mz)
wisalan	sie kamen an(w, Mz)

Verben, die in der Mitte ein -â- haben, verändern dies bei einigen Formen (ich, du, wir, ihr) in ein -i-. So z. B. das Verb râh (gehen).

riht	ich ging
riht	du gingst(m)
rihti	du gingst(w)
râh	er ging
râhat	sie ging
rihna	wir gingen
rihtu	ihr gingt(m)
rihtin	ihr gingt(w)
râhû	sie gingen(m, Mz)
râhan	sie gingen(w, Mz)

Das Gleiche trifft auch auf die Verben sâr (zu Fuß gehen) und gâl (sagen) zu.

Schwache Verben sind Verben, die auf ein langes -â enden. Siehe dazu das Verb jâ (kommen).

jît	ich kam
jît	du kamst(m)
jîti	du kamst(w)
jâ	er kam
jât	sie kam
jîna	wir kamen
jîtu	ihr kamt(m)
jîtin	ihr kamt(w)
ja'û	sie kamen(m, Mz)
jân	sie kamen(w, Mz)

Bei einigen Verben wird ein -î- eingeschoben, um die Aussprache zu vereinfachen. Beispiel: kal (essen).

kalît	ich aß
kalît	du aßt(m)
kalîti	du aßt(w)
kal	er aß
kalat	sie aß
kalîna	wir aßen
kalîtu	ihr aßt(m)
kalîtin	ihr aßt(w)
kalû	sie aßen(m, Mz)
kalan	sie aßen(w, Mz)

Hier ein paar Beispielsätze für die Anwendung der Verben:

fitaht il-bâb b-il-miftâh.
öffnete-ich die-Tür mit-der-Schlüssel
Ich öffnete die Tür mit dem Schlüssel.

sâ*adna uchuna.
halfen-wir Bruder-unser
Wir halfen unserem Bruder.

shtaghalû yôm kâmil.
arbeiteten-sie Tag gesamt
Sie arbeiteten den ganzen Tag.

„sein“ in der Vergangenheit

Das deutsche Verb „sein“ muss im Arabischen in der Gegenwart nicht ausgedrückt werden. In der Vergangenheit aber schon. Es heißt çân (auch kân) und wird wie râh gebeugt.

çint / kint	ich war
çint / kint	du warst(m)
çinti / kinti	du warst(w)
çân / kân	er war
çânat / kânat	sie war
çinna / kinna	wir waren
çintu / kintu	ihr wart(m)
çintin / kintin	ihr wart(w)
çânû / kânû	sie waren(m, Mz)
çânan / kânan	sie waren(w, Mz)

Jetzt können alle Sätze ohne Verben in die Vergangenheit gesetzt werden. Vorsicht nur, dass das Geschlecht stimmt!

Nûr Allah marîd wâjid.
N.A. krank(m) sehr
Nourallah ist sehr krank.

Nûr Allah çân marîd wâjid.
N.A. war-er krank(m) sehr
Nourallah war sehr krank.

hiya ta*abâna.
ist-sie müde(w)
Sie ist müde.

hiya çânat ta*abâna.
sie war-sie müde(w)
Sie war müde.

Das Verb çân kann vor alle Hilfsverben (haben, besitzen, können, müssen, brauchen) gestellt werden, um sie in die Vergangenheit zu setzen.

çân *indi flûs.
war bei-mir Geld
Ich hatte Geld.

çân lâzimni ktâb mumti*.
war notwendig-mir Buch interessant(m)
Ich brauchte ein interessantes Buch.

Gegenwart

Abgeleitet von der Grundform der Vergangenheit entsteht die Gegenwartsform. Allgemein kann man sagen, dass, um die Grundform der Gegenwart (er ...) zu bilden, einfach ein yi- vor die Vergangenheitsform zu stellen ist, wodurch oft ein Lautwechsel vorkommt. Bei diesem Lautwechsel ändern sich die Selbstlaute. Zum Beispiel von -a- zu -i- oder umgekehrt. Wenn man einmal ein Gefühl dafür hat, ist es halb so schwer. Folgende Verben zum Einüben:

diras	(er studierte)	**yidris**	(er studiert)
shirib	(er trank)	**yishrab**	(er trinkt)
kitab	(er schrieb)	**yiktib**	(er schreibt)

Hier sieht man nochmals, wie wichtig die Mitlaute im Arabischen sind. Die Selbstlaute ergänzen nur!

Von diesen Gegenwartsstämmen werden auch die jeweiligen personenbezogenen Formen abgeleitet. Hierbei steht dann nur statt yi- eine andere Form. Sprich: ich schreibe, du schreibst ... usw. Die Formen können sowohl vor als auch nach dem Stamm stehen, sie sind:

a-	ich
ti-	du(m)
ti-...-în	du(w)
yi-	er
ti-	sie
ni-	wir
ti-...-ûn	ihr(m)
ti-...-in	ihr(w)
yi-...-ûn	sie(m, Mz)
yi-...-in	sie(w, Mz)

Als Beispiel hier das Verb tkallam (sprechen):

atkallam	ich spreche
titkallam	du sprichst(m)
titkallamîn	du sprichst(w)
yitkallam	er spricht
titkallam	sie spricht
nitkallam	wir sprechen
titkallamûn	ihr sprecht(m)
titkallamin	ihr sprecht(w)
yitkallamûn	sie sprechen(m, Mz)
yitkallamin	sie sprechen(w, Mz)

Mit dieser Regel kann man fast alle Verben beugen.

Etwas „komplizierter" ist es bei Verben, die ein -â- in der Mitte stehen haben. Hier ändert es sich zu -û- , manchmal auch zu -î-; z. B. bei den folgenden Verben:

gâl	er sagte	**yigûl**	er sagt
zâr	er besuchte	**yizûr**	er besucht
râ<u>h</u>	er ging weg	**yirû<u>h</u>**	er geht weg
shâf	er sah	**yishûf**	er sieht
bâ*	er verkaufte	**yibî***	er verkauft

Verben mit einem -a am Ende ändern dieses oft, allerdings nicht immer, in ein kurzes -i. Bei wenigen Tätigkeitswörtern weichen die Formen auch sehr von den Grundstämmen ab.

misha	er ging	**yimshi**	er geht
shtira	er kaufte	**yishtiri**	er kauft
<u>h</u>aça	er redete	**yi<u>h</u>çi**	er redet
jâ	er kam	**yaji**	er kommt
bada	er begann	**yibda**	er beginnt
baga	er blieb	**yibga**	er bleibt
bagha	er wollte	**yibgha**	er will
kal	er aß	**yâkil**	er isst
achadh	er nahm	**yâchidh**	er nimmt

min fa<u>d</u>lak abgha tamir.
bitte ich-will Datteln
Ich möchte bitte Datteln.

yishtiri simâç f-is-sûg.
er-kauft Fisch in-der-Markt
Er kauft Fisch am Markt.

Hier jetzt einige Beispielsätze für die Anwendung der Tätigkeitswörter. Die persönlichen Fürwörter können wieder weggelassen werden.

Wichtig ist, dass im Arabischen in einem Satz mit zwei Verben beide gebeugt werden. Das liegt daran, dass die unpersönliche Grundform fehlt; „ich will studieren“ heißt auf Arabisch folglich „ich will ich studiere“.

abgha adris!
ich-will ich-studiere
Ich will studieren!

yibgha yishtiri ashyâ jamîla.
er-will er-kauft Sachen schön(w)
Er will schöne Sachen kaufen.

Damit kann man jetzt auch Kombinationen mit den Hilfsverben formen.

lâzim amshi halhîn.
notwendig ich-gehe jetzt
Ich muss jetzt gehen.

mumkin aji garîb in-sha'-allâh.
vielleicht ich-komme bald wenn-will-Gott
Ich komme vielleicht bald, wenn Gott will.

Zukunft

Die Zukunft (Futur) wird im Golf-Arabischen meist nur durch Worte wie „morgen“, „nächste Woche“ usw. ausgedrückt. Das Verb in der Gegenwart hat hierbei den Charakter unserer Zukunftsform. Soll zusätzlich betont werden, dass sich etwas nicht jetzt, sondern später abspielt, kann das Wort râyih vor das Tätigkeitswort in der Gegenwartsform gestellt werden. Da râyih nicht zu übersetzen ist, wird es im Folgenden mit ZUK umschrieben.

abda bâçir.
ich-beginne morgen
Ich beginne morgen.

asâfir is-subû* il-jâya.
ich-verreise die-Woche die-kommend(w)
Ich verreise nächste Woche.

râyih yishtaghil wâjid.
ZUK er-arbeitet viel
Er wird viel arbeiten.

râyih atkallam il-*arabiyya bas.
ZUK ich-spreche das-Arabische nur
Ich werde nur Arabisch sprechen.

Das deutsche „werden“ gibt es im Golf-Arabischen auch, allerdings wird es nicht für die Zukunft gebraucht. Es heißt sâr / yisîr.

jaddati sârat çibîra.
Großmutter-meine wurde-sie alt(w)
Meine Großmutter ist alt geworden.

abgha asîr sultân.
ich-will ich-werde Sultan
Ich möchte Sultan werden.

„sein" in der Zukunft

Die von çân (kân) abgeleitete Gegenwartsform yiçûn (yikûn) entspricht dem deutschen Verb „sein werden".

açûn / akûn	ich werde sein
tiçûn / tikûn	du wirst sein(m)
tiçûnîn / tikûnîn	du wirst sein(w)
yiçûn / yikûn	er wird sein
tiçûn / tikûn	sie wird sein
niçûn / nikûn	wir werden sein
tiçûnûn / tikûnûn	ihr werdet sein(m)
tiçûnin / tikûnin	ihr werdet sein(w)
yiçûnûn / yikûnûn	sie werden sein(m, Mz)
yiçûnin / yikûnin	sie werden sein(w, Mz)

Mittelwort

Im Arabischen gibt es die Möglichkeit Mittelworte (essend, gehend, schreibend ...) von den Verben abzuleiten. Diese Mittelworte (Partizip I) können genau wie Verben in der Gegenwart benutzt werden. Der Vorteil ist, dass die Formen fast nicht gebeugt werden müssen und nur das persönliche Fürwort davor gestellt wird. Von „ich saß" (âna jilast) kann im Golf-Arabischen „ich sitzend" (âna jâlis) abgeleitet werden. Wichtig ist, dass noch ein -a an die Form gehängt wird (jâlsa), wenn es sich um eine Frau handelt, – also genau wie bei den

Eigenschaftswörtern – und zwar sowohl wenn es um eine Frau geht, als auch wenn eine Frau von sich spricht.

Das Gleiche gilt, wenn es um eine Mehrzahlform geht (auch: wir, ihr, sie), hier wird allerdings -în (männliche Personen) oder -ât (weibliche Personen) an die Form gehängt (jâlsîn oder jâlsât). Sie sehen, sowohl bei der weiblichen als auch bei den Mehrzahlformen wird das -i- von jâlis nicht gesprochen.

âna sâkin f-il-imârât.
ich lebend(m) in-die-Emirate
Ich lebe in den Emiraten.

âna sâkna f-il-*umân.
ich lebend(w) in-der-Oman
Ich lebe im Oman.

Auch hier kann wieder die Vergangenheit gebildet werden, indem man çân vor das Mittelwort stellt, allerdings wird es hier gebeugt.

çint fâhim ha-d-dars.
war-ich verstehend(m) diese-die-Lektion
Ich habe diese Lektion verstanden.

Die Bildung dieser Mittelworte ist nicht ganz einfach und außerdem gibt es nicht von jedem Verb eines. Deshalb wird im Folgenden eine Liste der wichtigsten Formen mit den jeweiligen Vergangenheits- und Gegenwartsformen in der dritten Person Einzahl (er) aufgeführt.

Tätigkeitswörter

	Vergangenheit	Gegenwart	Partizip
Angst haben	**châf**	**yichâf**	**châyif**
antworten	**jâwab**	**yijâwib**	**mujâwib**
arbeiten	**shtaghal**	**yishtaghil**	**mishtaghil**
beginnen	**bada**	**yibda**	**bâdi**
besuchen	**zâr**	**yizûr**	**zâyir**
bleiben	**baga**	**yibga**	**bâgi**
bringen	**jâb**	**yijîb**	**jâyib**
essen	**kal**	**yâkil**	**âkil**
erzählen, reden	**haça**	**yihçi**	**hâki**
finden	**hassal**	**yihassil**	**muhassil**
fotografieren	**sawwar**	**yisawwir**	**musawwir**
fragen	**si'al**	**yis'al**	
gehen	**misha**	**yimshi**	**mâshi**
kaufen	**shtira**	**yishtiri**	**mishtiri**
kommen	**jâ**	**yaji**	**jây**
(ver)lassen	**tirak**	**yitrik**	
lesen	**gara**	**yigra**	
lieben	**habb**	**yihibb**	
machen	***amal**	**yi*mal**	***âmil**
mieten	**stajar**	**yistajir**	**mistajir**
nehmen	**achadh**	**yâchidh**	**âchidh**
öffnen	**fitah**	**yiftah**	**fâtih**
reisen	**sâfar**	**yisâfir**	**musâfir**
sagen	**gâl**	**yigûl**	**gâyil**
schreiben	**kitab**	**yiktib**	**kâtib**
sehen	**shâf**	**yishûf**	**shâyif**
sein	**çân / kân**	**yiçûn / yikûn**	**kâyin**
sitzen	**jilas**	**yijlis**	**jâlis**
sprechen	**tkallam**	**yitkallam**	**mitkallam**
trinken	**shirib**	**yishrab**	**shârib**
verkaufen	**bâ***	**yibî***	**bâyi***
warten	**stanna**	**yistanna**	**mustanna**

	Vergangenheit	Gegenwart	Partizip
weggehen	**râ<u>h</u>**	**yirû<u>h</u>**	**râyi<u>h</u>**
werden	**<u>s</u>âr**	**yi<u>s</u>îr**	**<u>s</u>âyir**
wissen	***iraf**	**ya*arif**	***ârif/**
wohnen	**sakan**	**yiskun**	**sâkin**
wollen, möchten	**bagha**	**yibgha**	
zeigen	**rawwa**	**yirawwi**	**murawwi**

Wem? oder Wen?

Zusammen mit den Verben treten oft der Wen- und Wemfall (Akkusativ und Dativ) auf. Im Dialektarabischen gibt es hier grundsätzlich keinen Unterschied. Für die entsprechenden Konstruktionen verwendet man mal wieder die besitzanzeigenden Fürwörter. Sie werden im Wenfall direkt an das Verb gehängt. Nur bei der ersten Person (mich) heißt es -ni statt -i.

shiftak ams.
sah-ich-dich gestern
Ich habe dich gestern gesehen.

as'alni shû *indiç!
ich-frage-mich was bei-dir(w)
Ich frage mich, was du hast!

Beim Wemfall werden sie allerdings nicht an das Verb gehängt, sondern ein li- *bzw.* la- *(für) wird eingefügt.*

arawwi lak is-sûg ha-l-masa.
ich-zeige für-dich der-Markt dieser-der-Abend
Ich zeige dir heute Abend den Souk (Markt).

kitabt lakum maktûb min ish-shârja.
schrieb-ich für-euch Brief aus die-Sharjah
Ich habe euch einen Brief aus Sharjah geschrieben.

Mu<u>h</u>ammed gâl lah kill shayy.
Mohammed sagte-er für-ihn alle Sache
Mohammed sagte ihm alles.

Bindewörter

wa-lâkin	aber
lamma a: **lên**	als
ka'anna	als ob
***ala kill hâl**	auf jeden Fall
illa	außer
hatta a: **lên**	bis
ba*dên	danach / später
innu	dass
li'an	denn / weil
bi-ha-s-sabab	deswegen
li- / l-	für
mithil	genauso wie
fi-hâl	im Fall
bi- / b- a: **ma*** a: **wiyya**	mit
ba*d	nach / nachdem
bas	nur
walla a: **aw**	oder
b-it-tâkîd	sicherlich
wallâhi	tatsächlich
lajil	um zu / damit
wa- / w-	und
tagrîban a: **hawâli**	ungefähr
gabil	vor / bevor
chusûsan	vor allem
illi	welche(r, s)
in a: **idha** a: **lau** a: **nçân**	wenn

shuftak, wa-lâkin kunt marîd.
sah-ich-dich aber warst-du krank
Ich habe dich gesehen, aber du warst krank.

ashtiri galîl bas.
ich-kaufe wenig nur
Ich kaufe nur wenig.

Fawzi wa-*Abd Allah f-il-kwêt.
Fawzi und Abdallah in-die-Kuwait
Fawzi und Abdallah sind in Kuwait.

asâfir ila ish-sharg il-awsat b-it-tayyâra.
ich-reise nach der-Osten der-Mittlere mit-das-Flugzeug
Ich werde mit dem Flugzeug in den Mittleren Osten fliegen.

at*allam il-*arabiyya li'an ahibbha.
ich-lerne das-Arabische weil ich-liebe-sie
Ich lerne Arabisch, weil es mir gefällt.

ir-rayyâl illi yibî* il-ba*ârîn, huwa harâmi!
der-Mann welcher er-verkauft die-Kamele, er Gauner
Der Mann, der die Kamele verkauft, ist ein Gauner!

***Ali gâl innuk tirûh ila ras il-chêma.**
A. sagte-er dass-du(m) du-gehst nach R.A.KH.
Ali sagte, dass du nach Ras Al-Khaima gehst.

rihna lajil nâkil.
gingen-wir damit wir-essen
Wir gingen (weg), um zu essen.

Wenn-Sätze werden im Golf-Arabischen mit den Wörtern in, idha, lau oder nçân gebildet. Nach ihnen steht das Verb immer in der Vergangenheit.

in kunt f-il-imârât, azûrak.
wenn war-ich in-die-Emirate ich-besuche-dich
Wenn ich in den Emiraten bin, besuche ich dich.

Verhältniswörter

***ala**	auf / über
min	aus / von
illa a: **ghêr**	außer
***ind**	bei / zu
hatta a: **lên**	bis
chalf a: ***ugb** a: **warâ**	dahinter
jiddâm a: **guddâm**	davor
barra	draußen
fi a: **dâchil**	drinnen
muqâbil	gegenüber
fi / f-	in
ma* a: **wiyya**	mit
bi- / b-	mit / durch
ila / l-	nach →

Verhältniswörter

→

bi-jânib	neben
fôg	oben
bidûn	ohne
***ala**	über
fi-kill mah̲all	überall
tah̲t	unter
bên	zwischen

Viele der oben angeführten Verhältniswörter sind bereits aus vorherigen Beispielsätzen bekannt, aus diesem Grund wird nur auf die ausgefalleren eingegangen. Die jeweils zweite Form bei fi, ila und bi bedeutet nur, dass diese bei nachfolgendem Vokal an das entsprechende Wort angehängt werden.

âna jây min ish-shughil.
ich kommend(m) von die-Arbeit
Ich komme von der Arbeit.

abgha atkallam ma*ak il-*arabiyya bas.
ich-will ich-spreche mit-dir(m) das-Arabische nur
Ich will mit dir nur Arabisch sprechen.

âna sâkin *ind *âylati.
ich wohnend(m) bei Familie-meine
Ich wohne bei meiner Familie.

Fragen

fî?	gibt es?
mumkin?	ist es möglich?
mata?	wann?
lêsh? a: **êsh hagga?**	warum?
shû a: **wêsh?** a: **êsh?**	was?
ay?	welche / -s / -r?
man? a: **min?** a: **mînu?**	wer?
kîf a: **çîf?**	wie?
na*am?	wie bitte?
kam? a: **çam?**	wie viel?
a: **gaddêsh?**	
wên? a: **fên?**	wo?
min wên?	woher?
ila wên?	wohin?

Die Fragewörter stehen im Arabischen immer am Satzanfang:

kîf yiktib ha-l-çilma?
wie er-schreibt dieses-das-Wort
Wie schreibt man dieses Wort?

shû ti*malîn il-yôm?
was du-machst(w) heute
Was machst du heute?

wên ahassil sâhib id-dikkân?
wo ich-finde Besitzer das-Geschäft
Wo finde ich den Ladenbesitzer?

mata yibda il-filim f-is-sînama?
wann er-beginnt der Film in-das-Kino
Wann beginnt der Film im Kino?

man yitkallam ingilîzi hini?
wer er-spricht Englisch hier
Wer spricht hier Englisch?

ay pâs̲ râyh̲a ila masqat̲?
welche Bus gehend(w) nach Masquat
Welcher Bus fährt nach Masqat?

Die oben gezeigten Beispiele lassen sich nur mit einem Satz beantworten. Wenn man dagegen Fragen bilden will, die mit ja oder nein beantwortet werden, hebt man am Ende eines ganz normalen Aussagesatzes nur die Stimme.

***indak flûs?**
bei-dir(m) Geld
Hast du Geld?

ha-l-pâs̲ tirûh̲ ila s̲alâlah?
diese-die-Bus sie-geht nach Salalah
Fährt dieser Bus nach Salalah?

na*am, tirûh̲ halh̲în!
ja sie-geht jetzt
Ja, er fährt sofort!

Verneinung

Grundsätzlich wird bei der Verneinung unterschieden zwischen Sätzen ohne und mit Verben. In beiden Fällen ändert sich die Satzstellung jedoch nicht. Nein heißt lâ.

Sätze ohne Verben

Dabei verwendet das Golf-Arabische das Wort mûb (nicht), das einfach vor das zu verneinende Wort (Hauptwort oder Eigenschaftswort) gestellt wird. Im Oman wird stattdessen mush (nicht) verwendet.

id-dâr mûb çibîra.
das-Haus nicht groß(w)
Das Haus ist nicht groß.

id-dâr mush çibîra.
das-Haus nicht groß(w)
Das Haus ist nicht groß. (Oman)

il-bâb mûb maftûh.
die-Tür nicht offen(m)
Die Tür ist nicht offen.

âna mûb ta*abân / ta*abâna.
ich nicht müde(m)/(w)
Ich bin nicht müde.

hamad mûb sadîgi.
Hamad nicht Freund-mein
Hamad ist nicht mein Freund.

mûb verneint auch die aus den Verben gebildeten Mittelworte:

âna mûb musâfir ila dbayy.
ich nicht reisend(m) nach Dubai
Ich reise nicht nach Dubai.

Sätze mit Verben

Hier wird das Verb verneint, und zwar indem man ihm ma (nicht) vorstellt. Auf diese Weise verneint man sowohl in der Vergangenheit, als auch in der Gegenwart; selbst die uns bekannten Scheinverben werden so verändert. In der Wort-für-Wort-Übersetzung steht hier ebenfalls „nicht".

ma ashrab bîra.
nicht ich-trinke Bier
Ich trinke kein Bier.

yâ <u>h</u>asrati! ma gdar.
oh Kummer-mein nicht konnte-er
Wie schade! Er konnte nicht.

ma tizûrna il-yôm.
nicht sie-besucht-uns heute
Sie besucht uns heute nicht.

lêsh ma fî taksi halhîn?
warum nicht es-gibt Taxi jetzt
Warum gibt es jetzt kein Taxi?

ma *indak flûs.
nicht bei-dir(m) Geld
Du hast kein Geld.

ma … ahad	niemand
ma … shayy	nichts
ma … wa-lâ shayy	gar nichts
ma … abadan	nie, niemals
ma … ghêr a: **illa**	nichts außer
mûb … mûb …	weder … noch …

Diese Wörter werden ergänzend hinter das verneinte Wort gestellt. Auf diese Weise werden z. B. die deutschen Begriffe „niemand“ oder „nichts“ ausgedrückt.

ma shuft ahad.
nicht sah-ich niemand
Ich habe niemanden gesehen.

ma çint abadan fi buraymi.
nicht warst-du(m) nie in Buraimi
Du warst noch nie in Buraimi.

ma yâkil ghêr il-fawâkih.
nicht er-isst außer der-Obst
Er isst nichts außer Obst.

ma a*arif wa-lâ shayy.
nicht ich-weiß und-nein Ding
Ich weiß gar nichts.

Auffordern

Um das Kapitel der Verben abzuschließen, fehlt nur noch die Befehlsform. Sie wird aus den Formen der Gegenwart gebildet. Und zwar aus der „du“ und der „ihr“ Form. Wenn man beispielsweise die Form „du schreibst“ tiktib nimmt und das t- am Anfang weglässt, erhält man iktib, was soviel heißt wie „schreib!“. Und wenn man jetzt ein -i anhängt, hat man die weibliche Form (iktibi!), mit -u und -in bildet man die Mehrzahlformen iktibu „schreibt!“ (zu Männern) und iktibin „schreibt!“(zu Frauen).

min fadlak ishrabu il-gahwa!
bitte trinkt(m, Mz)! der-Kaffee
Trinkt bitte den Kaffee!

is’al ha-r-rayyâl!
frag(m)! dieser-der-Mann
Frage diesen Mann!

Da es einige Ausnahmen gibt, wird im Folgenden eine Liste mit den wichtigsten Verben in ihren Befehlsformen aufgeführt, und zwar in der männlichen Ein- und Mehrzahl.

ijâwib!	Antworte!(m)	**ijâwibu!**	Antwortet!(m, Mz)
jîb!	Bring!	**jîbu!**	Bringt!
is'al!	Frag!	**is'alu!**	Fragt!
imshi! a: **rû<u>h</u>!**	Geh!	**imshi'u!** a: **rû<u>h</u>u!**	Geht!
hât!	Gib!	**hât!**	Gebt!
isma*!	Höre zu!	**isma*u!**	Hört zu!
ta*âl!	Komm!	**ta*âl!**	Kommt!
chudh!	Nimm!	**chudhu!**	Nehmt!
gûl!	Sag!	**gûlu!**	Sagt!
shûf!	Schau!	**shûfu!**	Schaut!
ijlis!	Setz dich!	**ijlisu!**	Setzt euch!
i<u>h</u>ki!	Sprich!	**i<u>h</u>ki'u!**	Sprecht!
ishrab!	Trink!	**ishrabu!**	Trinkt!
istanna!	Warte!	**istanna'u!**	Wartet!

Wenn man die Befehlsform verneint, stellt man dem Verb ein lâ vor.

lâ chudh hâdha!
nein nimm!(m) dieser
Nimm das nicht!

Zahlen und Zählen

Die Zahlen sehen im Arabischen etwas anders aus als bei uns. Sie werden, im Gegensatz zu der Schrift, von links nach rechts geschrieben. Im Folgenden die arabischen Ziffern in Druckschrift (oben) und in handgeschriebener Form:

١	٢	٣	٤	٥	٦	٧	٨	٩	٠
١	٢	٣	٤	٥	٦	٧	٨	٩	٠
1	2	3	4	5	6	7	8	9	0

Die gesprochenen Zahlen müssen einfach nur gelernt werden. Grammatikalische Tücken gibt es hier, im Gegensatz zum Hocharabischen, nicht. Bei den Zahlen 1 und 2 gibt es jeweils eine männliche und eine weibliche Form, je nachdem was man aufzählt. Man sagt von 0 bis 10:

0	**sifr**
1	**wâhid**(m), **wahda**(w)
2	**athnên**(m), **thintên**(w)
3	**thalâtha**
4	**arba*a**
5	**chamsa**
6	**sitta**
7	**sab*a**
8	**thamânya**
9	**tis*a**
10	***ashara**
	von 11 bis 19 enden sie auf -a*shar

Zahlen

Um den Umgang mit Zahlen zu erleichtern, wird auf jeder Kauderwelsch-Seite die Seitenzahl auch auf hocharabisch gezählt!

11	**hda*ashar**
12	**thna*ashar**
13	**thalatta*ashar**
14	**arba*ta*ashar**
15	**chamsta*ashar**
16	**sitta*ashar**
17	**sabi*ta*ashar**
18	**thamânta*ashar**
19	**tisi*ta*ashar**

Weiter gehts mit den Zahlen von 20 bis 99. Sie enden auf -în:

20	***ishrîn**
30	**thalâthîn**
40	**arba*în**
50	**chamsîn**
60	**sittîn**
70	**sab*în**
80	**thamânîn**
90	**tis*în**

Wenn man jetzt z.B. 21 sagen will, setzt man zwischen Einer und Zehner ein w- (und).

21	**wâhid wa-*ishrîn**
32	**athnên wa-thalâthin**
65	**chamsa wa-sittîn**

Die Reihenfolge ist also genau wie im Deutschen. Zuerst die Einer, dann die Zehner.

Die Hunderter
enden fast alle auf -mya

100	**imya** a: **miyya**
200	**mitên**
300	**thalâthimya**
400	**arba*imya**
500	**chamsimya**
600	**sittimya**
700	**sabi*imya**
800	**thamânimiya**
900	**tisi*imya**

Wenn man etwas aufzählt, wird -imya zu -imyat. Das ist zum Beispiel bei Preisen der Fall.
chamsimyat dînâr
500 Dinar

Die Tausender enden auf -alf

1000	**alf**
2000	**alfên**
3000	**thalâtha alf**
4000	**arba*a alf**
5000	**chamsa alf**
6000	**sitta alf**
7000	**sab*a alf**
8000	**thamânya alf**
9000	**tis*a alf**
10.000	***ashara alf**

chamsa alf wa-imya w-athnên wa-thalâthîn
fünftausend und-hundert und-zwei und-dreißig
fünftausendeinhundertzweiunddreißig (5132)

athnên wa-tis*în alf wa-chamsimya w-arba*a wa-thamânîn
zwei und-neunzig-tausend und-fünfhundert und-vier und-achtzig
zweiundneunzigtausendfünfhundertvierund achtzig (92584)

Wer noch höher hinaus will: malyûn (Million) und bilyûn (Milliarde)

Zählen

Hierbei stehen die zu zählenden Dinge hinter dem Zahlwort. Von 3 bis 10 verwendet man die Mehrzahl, sonst die Einzahl.

***indi chamsa sayyârât.**
bei-mir fünf Autos
Ich habe fünf Autos.

***indak *ishrîn sayyâra.**
bei-dir(m) zwanzig Auto
Du hast zwanzig Autos.

Grundrechenarten

Zum Rechnen verwendet man die folgenden Wörter:

Addition	(+, plus, und)	**wa**
Subtraktion	(-, minus, weniger)	**nâgis**
Multiplikation	(x, mal)	**fi**
Division	(?, geteilt durch)	***ala**
Ergebnis	(=, gleich)	**yisâwi**

chamsa fi thalâtha yisâwi chamsta*ashar
fünf in drei er-gleicht fünfzehn
5 mal 3 ist 15.

Ordnungszahlen

Im Golf-Arabischen werden nur die Ordnungszahlen von 1 bis 10 verwendet.

Sie werden wie Eigenschaftswörter gebraucht und müssen dementsprechend dem Geschlecht des Hauptwortes angepasst werden. Es werden hier jeweils die männlichen und weiblichen Formen angegeben.

awwel / ûla	erste (-r)
tâni / tâniya	zweite (-r)
tâlet / tâleta	dritte (-r)
râbe* / râbe*a	vierte (-r)
châmes / châmesa	fünfte (-r)
sâdes / sâdesa	sechste (-r)
sâbe* / sâbe*a	siebte (-r)
tâmen / tâmena	achte (-r)
tâse* / tâse*a	neunte (-r)
***âsher / *âshera**	zehnte (-r)

hâdhi hiya il-madîna il-châmisa illi nizûr.
diese(w) sie die-Stadt die-fünfte(w) welche wir-besuchen
Das ist die fünfte Stadt, die wir besuchen.

Ab 11 werden die normalen Ziffern als Ordnungszahlen verwendet.

Will man etwas aufzählen, setzt man hinter die Ordnungszahlen einfach das Wort shayy (Sache, Ding).

awwal shayy	erstens
thâni shayy	zweitens
thâlith shayy	drittens
	usw.

awwalan heißt „zuerst".

Bruchzahlen

1/ 2	**nu<u>ss</u>**	Hälfte
1/ 3	**thulth**	Drittel
1/ 4	**rub***	Viertel
1/ 5	**chums**	Fünftel

Zeit und Datum

Zeitwörter	
masâ	Abend
masâ'an	abends
ba*dên	danach
gabil	davor
b-il-âchir	endlich
bakkîr	früh
ams	gestern
il-yôm	heute
dâ'iman	immer
halhîn	jetzt
ahyânan	manchmal
duhur	Mittag
nuss il-lêl	Mitternacht
sabâh	Morgen
subh	morgens
bâçir	morgen
ba*d a: ***ugub**	nach
ba*d id-duhur	Nachmittag
lêla	Nacht
abadan	niemals
ghâliban	oft
ba*d marrât	selten / manchmal
ba*dên	später
nahâr	Tag(-esablauf)
ba*d bâçir a: ***ugub bâçir**	übermorgen
gabil	vor
awwal ams	vorgestern

ma shufna ghâliban ha-l-walad.
nicht sahen-wir oft dieser-der-Junge
Wir haben diesen Jungen noch nicht oft gesehen.

çint mudda ṯawîla f-il-*umân.
war-ich Zeit lange(w) in-der-Oman
Ich war lange Zeit im Oman.

Uhrzeit

kâm is-sâ*a? *(wie viel die-Stunde)* ist die übliche Frage nach der Uhrzeit. Die Antwort ist nicht kompliziert. Um ganze Stunden zu beschreiben, werden die Grundzahlen benutzt, allerdings mit zwei kleinen Ausnahmen (ein und zwei Uhr). Um die Unterteilungen halb, viertel oder zwanzig ... auszudrücken, verwendet man die Bruchzahlen. „Vor" heißt illa (weniger) und „nach" wa (und). Übrigens ist es üblich nur die Zahlen von 1 bis 12 zu benutzen und jeweils die Ausdrücke „morgens", „nachmittags", „abends" oder „nachts" anzugeben. Hier die beiden angesprochenen Ausnahmen:

is-sâ*a wa<u>h</u>da.	Es ist ein Uhr.
is-sâ*a thintên.	Es ist zwei Uhr.

***afwan kam is-sâ*a hal<u>h</u>în?**
Verzeihung wie viel die-Stunde jetzt
Verzeihung, wie spät ist es jetzt?

halhîn is-sâ*a *ashara.
jetzt die-Stunde zehn
Es ist jetzt zehn Uhr.

is-sâ*a arba*a wa-nuss.
die-Stunde vier und-halb
Es ist halb fünf.

is-sâ*a tis*a illa rub* is-subh.
die-Stunde neun weniger Viertel der -morgens
Es ist viertel vor neun morgens.

is-sâ*a chamsa wa-thulth *ugub id-duhur.
die-Stunde fünf und-Drittel nach der-Mittag
Es ist zwanzig nach fünf nachmittags.

Es geht aber auch:
is-sâ*a chamsa w-*ishrîn dagîga.
die-Stunde fünf und-zwanzig Minute
Es ist zwanzig Minuten nach fünf.

Hier zum Abschluss noch andere wichtige Wörter zur Zeit:

thâniyya / thawâni	Sekunde / -n
dagîga / dagâ'iq	Minute / -n
sâ*a / sâ*ât	Stunde /-n, Uhr
yôm / ayyâm	Tag / -e
subû* / asâbî*	Woche / -n
shahar / ashhir	Monat / -e
***âm / a*wâm**	Jahr / -e
sana / sinîn	Jahr / -e
il-*âm il-mâdi	letztes Jahr
il-*âm il-jây	nächstes Jahr

Wochentage

(yôm) is-sabt	Samstag
(yôm) il-ahad	Sonntag
(yôm) it-athnên	Montag
(yôm) ith-thalâta	Dienstag
(yôm) il-arba*a	Mittwoch
(yôm) il-chamîs	Donnerstag
(yôm) il-jum*a	Freitag

In der islamitische Reihenfolge beginnt die Woche mit Samstag. Der Freitag ist der religiöse Feiertag, an dem die meisten Geschäfte, Banken und Büros geschlossen sind.

Monate

Grundsätzlich gibt es in den Golfstaaten, zwei Zeitrechnungen, die gregorianische und die islamische (hijra).

al-muharram	**1.**
safar	**2.**
rabî* al-awwal	**3.**
rabî* ath-thâni	**4.**
jumâda al-ûla	**5.**
jumâda al-âchira	**6.**
rajab	**7.**
sha*bân	**8.**
ramadân	**9.** (Fastenmonat)
shawwâl	**10.**
dhû al-qa*da	**11.**
dhû al-hijja	**12.** (Pilgermonat)

Entsprechend den einzelnen Ländern wird eine der beiden benutzt. In Saudi-Arabien wird ausschließlich der islamische Kalender gebraucht. Man sollte beachten, dass dieser nur 354 Tage hat. Die Monate haben deshalb immer 30 Tage. Vorsicht zum Beispiel bei einem Visum für Saudi-Arabien, das einen Monat gültig ist. Wenn Sie 31 Tage bleiben, sind Sie schon zu lange im Land. Hier die hocharabischen Monatsnamen des Hijra-Kalenders.

Die zwei großen islamischen Feiertage sind der *îd al-fitr am Ende des Fastenmonats (ramadân) und der *îd al-adha am 10. des Pilgermonats (dhû al-hijja).

Die Namen der gregorianischen Monate sind vom Englischen abgeleitet. Sie sind vor allem im Geschäftsleben wichtig.

yanâyir	Januar
febrâyir	Februar
mârs	März
abrîl	April
mâyû	Mai
yûnyû	Juni
yûlyû	Juli
aghustus	August
sibtambar	September
uktûbar	Oktober
nufambar	November
disambar	Dezember

Die Jahreszeiten

fasl / fusûl	Jahreszeit / -en
rabî*	Frühling
sêf a: **gêd**	Sommer
charîf	Herbst
shitâ	Winter

Maße und Gewichte

grâm	Gramm
kîlu	Kilogramm
lîtr	Liter
galan / -ât	Gallone (4,55 Liter)
metr	Meter
kîlu	Kilometer

Die Währungen der einzelnen Länder heißen (hier nach dem Schema 1 Mark = 100 Pfennig):

Bahrain	**dînâr / danânîr = 1000 fils / fulûs**
Katar	**riyâl / riyâlât = 100 dirham / darâhim**
Kuwait	**dînâr / danânîr = 1000 fils / fulûs**
Oman	**riyâl / riyâlât = 1000 baisa / baisât**
Saudi-Arabien	**riyâl / riyâlât = 100 halala / halalât**
Vereinigte Arabische Emirate	**dirham / darâhim = 100 fils / fulûs**

In einigen Ländern, vor allem in den Emiraten, kann man auch Rupee (rubbiyya / -ât) hören.

Hiermit ist der Grammatikteil überstanden – Gratulation! Ab hier beginnt der Konversationsteil, in dem spezifische Situationen, die bei einer Reise durch die Länder des Persischen Golfs wichtig sein können, durchgenommen werden.

COFFEE SHOP
NOW OPEN
MAJID AL FUTTAIM

Die arabische Halbinsel bildet das Kernland des Islam. Aus dem heutigen Saudi-Arabien zogen ab dem 7. Jahrhundert die Jünger Mohammeds aus, um ihre Religion in die Welt zu tragen. Die einheimische Bevölkerung der sechs Golfstaaten ist stolz darauf, und das sollte man respektieren. Die meisten Moslems der Region gehören zu den Sunniten oder einer der dazugehörigen Untergruppen, wie die Wahhabiten in Saudi-Arabien und die Ibadis im Oman. Große schiitische Gruppen gibt es vor allem in Bahrain und Kuwait. Aus dem Islam haben sich einige Regeln und Umgangsformen gebildet, deren Beachtung dem Besucher das Leben vereinfachen können.

Der westliche Besucher sollte grundsätzlich Verständnis und Toleranz mitbringen und dem fremden Umfeld ohne Vorurteile begegnen. Man ist Gast und sollte nicht vergessen, dass man den Gepflogenheiten seines Gastlandes Folge leisten muss. Im Folgenden werden einige Regeln aufgeführt, die helfen, Fettnäpfchen zu vermeiden.

Kleidung: Trotz des heißen Klimas sollte man als Mann immer lange Hosen tragen und auf Shorts und ärmellose Hemden oder T-Shirts verzichten. Ein nackter Oberkörper ist völlig unmöglich, abgesehen natürlich von Hotel Pools und ausgesprochenen Touristenstränden. Auf arabische Kleidung wie thôb, dishdâsha oder çaffiya sollte man verzichten, da sie den Einheimischen vorbehalten ist. Als Frau ist es unbedingt notwendig Hosen oder Röcke zu tragen, die bis über das Knie reichen, selbst wenn man in Dubai oder Abu Dhabi oft anderes sieht. Dekolleté und Schultern müssen stets bedeckt sein. Ein BH ist immer zu tragen. Ein Bikini ist oft verboten. Einteilige Badeanzüge sind in Ordnung. Außerhalb der großen Städte sind die Kleidungsvorschriften wesentlich strenger und sollten auf jeden Fall eingehalten werden.

Alkohol Da Moslems das Trinken von Alkohol verboten ist, bekommt man ihn meist nur in Hotelbars und teuren Restaurants. In Kuwait, Saudi-Arabien und dem Emirat Sharjah ist Alkohol gänzlich verboten.

Ramadan Der Fastenmonat Ramadan erinnert den gläubigen Moslem an die Offenbarung des Koran. Von Sonnenaufgang bis Sonnenuntergang ist es ihm verboten zu essen, zu trinken und zu rauchen. Als Nicht-Moslem ist man nicht gezwungen teilzunehmen, sollte aber trotzdem all diese Tätigkeiten in der Öffentlichkeit vermeiden. In Saudi-Arabien ist das sogar gesetzlich festgelegt und man kann theoretisch sogar ins Gefängnis geschickt werden, wenn man den Ramadan bricht, auch als Nicht-Moslem.

Mann / Frau Die Rolle von Mann und Frau ist im Islam sehr klar definiert. Westliche Paare sollten in der Öffentlichkeit auf jede Art von Zärtlichkeit (vom Händchenhalten angefangen) verzichten.

Linke Hand

Die linke Hand gilt unter Arabern als unrein. Man darf nie jemanden mit ihr begrüßen oder Speisen, Geschenke etc. übergeben.

Fußsohlen

Es gilt als sehr unfreundlich, seinem Gesprächspartner die Fußsohlen zu zeigen.

Schimpfen und Fluchen

Die Golf-Araber achten auf eine gepflegte Sprache. Schimpfen und Fluchen sind unüblich und bei Ausländern gar nicht gerne gesehen. Wenn man die fremden Sitten respektiert und die Menschen höflich behandelt, kann eigentlich nichts schief gehen.

Gesten und Handzeichen

Da diese im Arabischen sehr wichtig sind und sich oft von den deutschen unterscheiden, werden die wichtigsten vorgestellt.

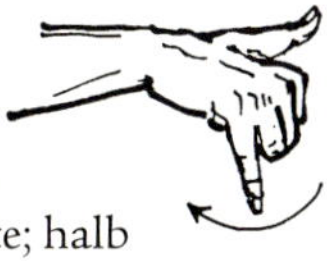

nuss
Hälfte; halb

sadâqa
Freundschaft

ta*âl!(m) / **ta*âli!**(w)
Komm!

shwayy shwayy!
Langsam; a: Warte etwas!

shû?
Was ist?

shahâda / jawâz
Bescheinigung / Pass

Begrüßen / Verabschieden

Die Begrüßung ist oft das wichtigste in einer Sprache, da man über sie den tatsächlichen Kontakt mit einer Person aufbaut. Im Arabischen ist das erst recht so. Es gibt unendlich viele „Begrüßungszeremonien“ und auf jede der Floskeln gibt es eine entsprechende Antwort. Falls man einmal den Gegengruß nicht kennen sollte, sagt man einfach mashkûr. Begrüßungen, die auch gleichzeitig Gegengruß sind, sind:

sabbâhk allah b-il-chêr!
Morgen-dein(m) Gott mit-die-Güte
Guten Morgen!

zu einer Frau sagt man:
s̲abbâh̲ç allah b-il-chêr!

massâk allah b-il-chêr!
Abend-dein(m) Gott mit-die-Güte
Guten Nachmittag / Abend !

zu einer Frau sagt man:
massâç allah b-il-chêr!

In Kuwait kann man die jeweilige Tageszeit sogar ganz weglassen. allah b-il-chêr! *wird hier am häufigsten gebraucht.*

Der übliche Gruß zu jeder Tageszeit ist unter Moslems:
is-salâmu *alêkum!
der-Frieden über-euch
Friede sei mit dir!

Antwort:
w-*alêkum is-salâm!
und-über-euch der-Frieden
Und mit dir.

Dabei wird die rechte Hand zum eigenen Herzen geführt.

Etwas unkonventioneller sind die folgenden Grüße, die alle etwa „Hallo“ heißen:

ya hala!	Hallo!
marhaba!	Grüß dich!
ya hala wa-marhaba!	Sei gegrüßt!

Will man jemanden willkommen heißen, benutzt man die folgende Floskel:

ahlan wa-sahlan!
Herzlich willkommen!

Antwort:

ahlan bîk!
marhaba bîk!
Sei willkommen!

Wenn man jemanden lange nicht mehr gesehen hat, kann man sagen:

mundhu zamân ma shuftak!
seit Zeit nicht sah-ich-dich(m)
Lange nicht gesehen!

Wenn man sich besser kennt, umarmt man sich zur Begrüßung und küsst sich auf die Wange. Natürlich nur Bekannte des gleichen Geschlechts! Unter den Beduinen ist es teilweise noch üblich, dass die Männer ihre Nasen aneinander reiben. Sonst gibt man sich die Hand, und zwar immer wenn man sich trifft, auch mehrmals pro Tag. Außerdem ist wichtig, dass man zum Beispiel beim Betreten eines Raumes oder in einer Runde jeden Anwesenden begrüßt. Dabei gilt für den Mann, nur Männern die Hand zu geben und die anwesenden Frauen selbst entscheiden zu lassen, ob sie einem die Hand reichen oder nicht. Als westliche Frau kann man arabische Männer ruhig begrüßen. Auf einen Gruß folgt immer die Frage nach dem Befinden.

sh-lônak?
was-Farbe-dein(m)
Wie geht es dir?

sh-lôniç?
was-Farbe-dein(w)
Wie geht es dir?

çîf inta ?
wie du(m)
Wie geht's?

çîf inti ?
wie du(w)
Wie geht's?

kîf <u>h</u>âlak?
wie Lage-dein(m)
Wie geht's so?

kîf <u>h</u>âliç?
wie Lage-dein(w)
Wie geht's so?

Die Antwort ist auf jeden Fall il-<u>h</u>amdu li-llâh *(der-Dank für-Gott)*, ob es einem nun gut oder schlecht geht.

zêna, il-hamdu li-llâh wa-inta!
gut(w) der-Dank für-Gott und-du(m)
Gott sei Dank gut, und dir?

bi-chêr, il-hamdu li-llâh, mashkûr!
mit-Güte der-Dank für-Gott bedankt
Gott sei Dank auch gut, danke!

Wenn man jemand kennen lernt, sagt man:
fursa sa*îda!
Gelegenheit glücklich(w)
Sehr erfreut!

Antwort:
âna il-as*ad!
ich der-Glückliche
Ganz meinerseits!

Wenn jemand vom Friseur oder aus dem Bad kommt, wünscht man ihm:
na*îman!
Wohltat-seiend
Gut siehst du aus!

Antwort:
allah yin*am *alêk!
Gott er-wohltätige über-dich
Möge Gott dir Gutes tun!

Zum Abschied sagt man in den Emiraten:
fi mân illah!
in Sicherheit Gottes
Auf Wiedersehen!

Ansonsten: **h̲ayyak allah!**
lasse-lange-leben-dich Gott
Auf Wiedersehen!

Antwort: **allah yih̲ayyak!**
Gott er-lasse-lange-leben
Auf Wiedersehen!

Oft hört man auch: **ma* is-salâma!**
mit die-Unversehrtheit
Auf Wiedersehen!

Antwort: **allah yisallimak**
Gott er-schütze-dich
Auf Wiedersehen!

Nicht selten hört man einfach das englische „bye bye!“.

Üblich ist es auch dem Gesprächspartner zum Abschied etwas zu wünschen. z. B.:
allah wiyyâk!
Gott mit-dir
Möge Gott mit dir sein!

allah yird̲a *alêk!
Gott er-schütze über-dich
Möge Gott dich schützen!

allah yi*â fîk!
Gott er-erhalte in-dir
Möge Gott dich erhalten!

bârak allah fîk!
segne!(m) Gott in-dir
Möge Gott dich segnen!

In einem Geschäft oder von einem Taxifahrer kann man sich wie folgt verabschieden:
ya*tik il-*âfiya!
er-gebe-dir das-Wohlbefinden
Möge Gott dir Kraft geben!

Geht jemand schlafen, sagt man:
lêla sa*îda!
Nacht glücklich(w)
Gute Nacht!

Oder man hört:
tis̲bah̲ *ala chêr!
du-eintrittst über Güte
Schlafe gut!

Antwort:
wa-inta min ahl il-chêr!
und-du von Leute die-Güte
Du auch!

Anrede

Genauso wichtig wie die Begrüßung ist die richtige, höfliche Anrede, die im Arabischen etwas differenzierter ist als im Deutschen. Vor die Anrede stellt man das Wörtchen ya ...!, das einen Ausruf darstellt und in etwa o ...! heißt.

So sagt man zu jüngeren oder gleichaltrigen Personen:

ya chuy!	oder:	**ya uchuya!**
o Bruder-mein		*o Bruder-mein*
Mein Bruder!		Mein Bruder!

ya uchti!
o Schwester-mein
Meine Schwester!

Ältere Personen redet man folgendermaßen an:

ya sayyid!
o Herr
Mein Herr!

In Saudi-Arabien ist dies unüblich, stattdessen verwendet man hier ya shêch (o Scheich!). Allerdings sollte man dies in den anderen Golfstaaten vermeiden, da man dort nur die Regierenden so betitelt.

ya sayyida!
o Frau / o Erhabene
Meine Dame!

Alte Personen sollte man mit der folgenden religiösen Respektsform betiteln:

ya h̲âjji!	**ya h̲âjja!**
o Pilger	*o Pilgerin*
Mein Pilger!	Meine Pilgerin!

oder:

ya *ammi!
o Onkel
Mein Onkel!

ya ummi!
o Mutter
Meine Mutter!

Westlich gekleidete Personen kann man so anreden:

ya ustâdh!
o Professor
Mein Herr!

ya madâm!
o Dame
Meine Dame!

Wenn man einen Kellner rufen will, verwendet man:

ya walad!
o Junge
Herr Ober!

Vor allem auf dem Land gibt es viele kleine Tante-Emma-Lädchen, die von Ausländern, beispielsweise Indern, Pakistanis oder Bangladeschern geführt werden. Die Einheimischen rufen den Verkäufer aus dem Auto mit ya rafîgi! (o Freund!) und sagen ihm, was sie haben wollen. Er bringt das Gewünschte dann aus dem Geschäft ans Auto.

An dieser Stelle sei darauf hingewiesen, dass all die oben angeführten Anredeformen zwar bestehen, die häufigste Form ist allerdings einfach der Name in Verbindung mit ya..., z. B.: ya Jamîl oder ya Maryam.

Namen

Das Namensystem in den Golfstaaten unterscheidet sich stark von dem europäischen. Um es zu erklären, müssen erst einige Dinge vorweg genommen werden. Der Araber sieht sich als Teil einer Gemeinschaft. Individuelles Denken, wie bei uns, ist ihm fremd. Die Familie bildet den Kern dieser Gemeinschaft. Sie wiederum ist Teil eines sog. Clans, der seinerseits Teil eines Stammes ist. Mitglied eines bestimmten Clans oder Stammes zu sein, sagt viel über eine Person aus, z. B. woher er kommt, welcher religiösen Gesinnung (innerhalb des Islams natürlich) er anhängt, mit welchem Stamm er gute bzw. schlechte Beziehungen hat, usw. Mitglied eines Stammes zu sein, der dem des Herrschers nahe steht, kann einige Türen öffnen. Im modernen Geschäftsleben des Golfes sieht man diese Verflechtungen noch sehr oft. Übrigens gibt es Stämme mit mehreren zehntausend Mitgliedern. Also man sieht, wie wichtig der Name ist.

Er setzt sich aus einem Vornamen (ism) und zwei Nachnamen zusammen – der erste ist der Name des Vaters (ism il-ab) und der zweite der Name des Großvaters (ism il-jidd). Sowohl vor den Namen des Vaters, als vor den Namen des Großvaters wird ein bin (Sohn) gestellt. Danach wird der Name des Clans angeführt. Der Stammesname wird normalerweise nicht genannt.

Die Einheimischen wissen aber sehr wohl, welcher Clan welchem Stamm angehört.

shêch Zâyid bin Sult̲ân bin Zâyid Al-Nahayyân
Scheich Zayed bin Sultan bin Zayed Al-Nahayan (seit 1966 Präsident der VAE)

sult̲ân Qâbûs bin Sa*yid bin Taymûr Al-Bu Sa*yid
Sultan Qabus bin Said bin Taymur Al-Bu Said (seit 1970 Sultan des Oman)

Einige wichtige Stämme und ihre Clans sind:

Bani Yâs (Al-Nahayyân, Al-Maktûm)
in Abu Dhabi und Dubai

Qawâsim (Al-Qâsimi, Sharqi)
in Sharjah, Ras al-Khaimah und Fujairah

Na*îm (Al-Bu Churayban)
in Ajman

Al-*Ali (Al-*Ali)
in Umm al-Qaiwain

***Utub (Al-Chalîfah, Al-S̲abah̲)**
in Kuwait und Bahrain

Al-Thâni (Al-Thâni)
in Katar

Al-Bu Sa*yid (Al-Bu Sa*yid)
im Oman

Bitten / Danken

Für das auffordernde „Bitte!" verwendet man im Golf-Arabischen min fadlak, wenn man Männer um etwas bittet, bei Frauen dagegen sagt man min fadliç.

hât çây min fadlak!
gib(m)! Tee bitte
Bring bitte Tee!

abi ta*âm min fadliç!
ich-möchte Essen bitte
Ich möchte etwas zu essen bitte!

Das anbietende „Bitte sehr!" heißt je nach Geschlecht und Ein- oder Mehrzahl:

tfaddal / tfaddali / tfaddalu / tfaddalin!

tfaddal / tfaddali il-çây!
bitte sehr(m/w) nimm(m/w)! Tee
Bitte sehr hier ist der Tee!

tfaddalu starîhu!
bitte sehr(m, Mz) ruht-aus(m, Mz)!
Bitte sehr, ruhen Sie sich aus!

tfaddalin starîhin!
bitte sehr(w, Mz) ruht-aus(w, Mz)!
Bitte sehr, ruhen Sie sich aus!

Wenn man um etwas ersucht, kann man Folgendes sagen:

lau samaht / samahti / samahû / samahan ...
wenn erlaubtest-du(m) / (w) / (Mz, m) / (Mz, w)
Wenn Sie gestatten ...

Dies ist z. B. am Telefon üblich:
lau samaht sêf mawjûd?
wenn erlaubtest-du(m) Seyf anwesend
Ist Seyf bitte zu Hause?

Danke heißt auf Arabisch mashkûr oder shukran und ist wohl mit das wichtigste Wort in jeder Sprache! mashkûr wird selbstverständlich wieder, je nach Sprecher, verändert, also mashkûra bei Frauen.

mashkûr ya uchuya!
danke o Bruder-mein
Danke mein Bruder!

Außerdem gibt es viele, viele, sehr schöne Arten „Danke!“ auf sehr höfliche Art und Weise auszudrücken, zum Beispiel:

allah yibârik fîk!
Gott er-segne in-dich
Danke sehr!

shukran jazîlan!
Dank vielen
Vielen Dank!

alf shukr!
tausend Dank
Tausend Dank!

Auf „Danke“ antwortet man *afwan! *(bitte!), das auch „Entschuldigung“ heißen kann.*

Das erste Gespräch

In den Golfstaaten gilt es als unhöflich, einfach jemanden auf etwas Bestimmtes anzusprechen, ohne vorher etwas zu plaudern. Dieser „Smalltalk" ist dazu da, Vertrauen aufzubauen und beiden Gesprächspartnern die Möglichkeit zu geben, den anderen besser kennen zu lernen. Während in den Städten diese Sitte nicht mehr so ausgeprägt ist, sollten Sie auf dem Land immer einige Floskeln parat haben. Es ist beispielsweise üblich, sich nach jemandes Wohlbefinden zu erkundigen, bevor man ihn fragt, wo sich die Straße XY befindet.

Das erste Gespräch auf Arabisch wird also nicht lange auf sich warten lassen. Aus diesem Grund wird hier ein Beispiel angeführt, wie eine solche Unterhaltung aussehen kann.

ahlan w-sahlan ya chuy / ya uchti!
willkommen o Bruder-mein / Schwester-mein
Sei willkommen!

ahlan bîk!
willkommen mit-dir
Danke sehr!

sh-lônak?
was-Farbe-dein(m)
Wie geht es dir?

zên, il-hamdu li-llâh wa-inti!
gut(m) der-Dank für-Gott und-du(w)
Gott sei Dank gut und dir?

bi-chêr, il-hamdu li-llâh, mashkûra!
mit-Güte der-Dank für-Gott bedankt(w)
Gott sei Dank auch gut danke!

inta / inti min wên?
du(m) / du(w) woher
Woher kommst du?

âna min almâniya!
ich aus Deutschland
Ich komme aus Deutschland!

âna almâni / almâniyya.
ich Deutscher(m) / Deutsche(w)
Ich bin Deutscher / Deutsche.

ihna almân.
wir Deutsche(Mz)
Wir sind Deutsche.

in-nimsa	Österreich
nimsâwi / -yya / -yyîn (m/w/Mz)	österreichisch; Österreicher (-in)
swîsra	Schweiz
swîsri / -yya / -yyîn (m/w/Mz)	schweizerisch; Schweizer (-in)
hûlanda	Niederlande
hûlandi / -yya / -yyîn (m/w/Mz)	niederländisch; Niederländer (-in)
beljîka	Belgien
beljîki / -yya / -yyîn (m/w/Mz)	belgisch; Belgier (-in)
fransa	Frankreich
fransâwi / -yya / -yyîn (m/w/Mz)	französisch; Franzose (-n), Französin

wallâhi? tih̲çi *arabi mithil wâh̲id minna.
tatsächlich?
du-redest(m) Arabisch wie einer von-uns
Echt wahr ...?
Du sprichst Arabisch wie einer von uns.

Auf eine solche Äußerung sollte man immer bescheiden reagieren. Die beste Antwort ist wohl:

astaghfir allah!
ich-bitte-um-Verzeihung Gott
In etwa: Übertreib mal nicht!

shû ismak / ismiç?
was Name-dein(m/w)
Wie heißt du?

ismi ...
Name-mein
Ich heiße ...

çam *umurak?
wie viel Alter-dein(m)
Wie alt bist du?

çam *umuriç?
wie viel Alter-dein(w)
Wie alt bist du?

***umuri chamsa wa-*ishrîn sana.**
Alter-mein fünf und-zwanzig Jahr
Ich bin 25.

shû tishtaghil fi baladak?
was du-arbeitest(m) in Land-dein(m)
Was bist du von Beruf?

âna ...
ich
Ich bin ...

***âmil / -a**	Arbeiter (-in)
battâl / -a	arbeitslos
dachtôr / -a a: **tbîb / -a**	Arzt, Ärztin
fallâh / -a	Bauer, Bäuerin
muwazzaf / -a	Beamte (-r)
chabîr / -a	Experte (-in)
musawwar / -a	Fotograf (-in)
tâjir / -a	Geschäftsmann / -frau
sâni* / -a	Handwerker (-in)
muhandis / -a	Ingenieur (-in)
sahâfi / -yya	Journalist (-in)
mu*allim / -a	Lehrer (-in)
tâlib / -a	Student (-in)
sâyih / -a	Tourist (-in)

Von höchstem Interesse ist auch die Familie.
inta / inti mitzawwij / mitzawwija?
du(m/w) verheiratet(m/w)
Bist du verheiratet?

lâ, âna mûb mitzawwij / mitzawwija.
nein ich nicht verheiratet(m/w)
Nein, ich bin ledig.

Das erste Gespräch

wa-inta, *indak *ayâl?
und-du bei-dir(m) Kinder
Und du, hast du Kinder?

ma*lûm, *indi walad wâhid.
verstanden bei-mir Sohn ein(m)
Natürlich! Ich habe einen Sohn.

ahsant! wên zawjatak?
gut-machtest-du(m) wo Ehefrau-deine(m)
Bravo! Wo ist deine Frau?

hiya f-il-bêt, tishtaghil b-il-*ayâl.
sie in-das-Haus sie-arbeitet mit-die-Kinder
Sie ist zu Hause und kümmert sich um die Kinder.

gûl lî, *ajabatak / *ajabatiç baladi?
sag! für-mich gefiel-sie-dir(m/w) Land-mein
Sag, gefällt dir mein Land?

wallâhi, *ajabatni wâjid!
tatsächlich gefiel-sie-mir sehr
Es gefällt mir wirklich sehr!

Übrigens wenn man privat eingeladen wird, sollte man nicht absagen. Es kann eine sehr schöne Erfahrung sein, einen arabischen Haushalt kennen zu lernen, und es ist mit Sicherheit eine große Ehrenbezeugung für den Eingeladenen.

yallah ishrabi çây ma*na!
o-Gott trink!(w) Tee mit-uns
Los, trinke Tee mit uns!

bi-kill surûr!
mit-alles Freude
Sehr gerne!

mashkûr, wa-lâkin âna mashghûl / -a halhîn.
marra thâniya in-shâ'-allah.
danke aber ich beschäftigt(m/w)
jetzt Mal-zweite(w) wenn-will-Gott
Danke, aber ich habe schon etwas vor.
Ein andermal vielleicht.

Floskeln / Redewendungen

Die richtige Floskel in der entsprechenden Situation parat zu haben, ist speziell im Arabischen sehr wichtig. Umso mehr wird es bei Europäern geschätzt und bewundert.

Sich entschuldigen

***afwan!**
Verzeihung
Verzeihung!

isma<u>h</u> li!
verzeih!(m) für-mich
Verzeihen Sie mir!

âna âsif / âsifa!
ich bedauernd(m/w)
Es tut mir Leid!

âna mit'assif / mit'assifa!
ich bedauernd(m/w)
Es tut mir Leid!

Als Antwort sagt man:

ma *alê!
Das macht nichts!

Zustimmen / Ablehnen

na*am / î!	Ja!
î na*am!	Ja, sicher!
ma*lûm!	Natürlich!
akîd!	Selbstverständlich!
lâ!	Nein!
lâ, abadan!	Auf keinen Fall!

âna mwâfij / mwâfija!
ich einverstanden(m/w)
Ich bin einverstanden!

***ala il-chashim!**
auf die-Nase
Gerne!

***ala ir-râs w-il-*ên!**
über der-Kopf und-das-Auge
Sehr gerne!

ma fî shakk!
nicht es-gibt Zweifel
Zweifellos!

ma*ak / ma*iç il-<u>h</u>agg!
mit-dir(m/w) die-Wahrheit
Du hast Recht!

in-sha'-allah!
wenn-will-Gott
So Gott will!

kôd!
vielleicht
Vielleicht!

Schwören

b-il-hagg!
mit-die-Wahrheit
Wirklich!

wallâhi! Bei Gott! / Echt wahr...?!

shuft bi-*ayûni!
sah-ich mit-Augen-meine
Ich habe es mit eigenen Augen gesehen!

Diese Ausrufe sind in der gesprochenen Sprache des Golfs sehr üblich!

Überrascht sein

allahu akbar!
Gott am-größten
Gott ist groß!

ma-sha'-allah!
was-will-Gott
Was Gott alles will! (als Bewunderung)

ya salâm!
o Himmel
Lieber Himmel!

ya latîf!
o gütiger
Großer Gott!

Religiöse Floskeln

Wie gesagt sind die Golf-Araber sehr gläubig und dementsprechend gibt es eine Menge Floskeln und Koranverse, die häufig gebraucht werden. Die folgenden Aussprüche sind alle in Hocharabisch.

Vor einer Tätigkeit sagt der gläubige Moslem immer:

b-ism-illâh ir-rahmân ir-rahîm!
mit-Namen-Gottes der-Allmächtige der-Barmherzige
Im Namen Gottes des Allmächtigen und Barmherzigen!

Nach der geglückten Durchführung sagt man:

l-hamdu li-llâh!
der-Dank für-Gott
Dank sei Gott!

Wenn jemand gestorben ist oder auch wenn irgendetwas nicht ganz so funktioniert hat, wie man es sich gewünscht hätte, kann man sagen:

lâ hawla wa-lâ quwwa illa b-illâh!
nicht Macht und-nicht Stärke außer mit-Gott
Es gibt weder Macht noch Stärke als bei Gott!

Unterwegs

In den Golfstaaten gibt es viele Möglichkeiten, sich fortzubewegen. Ob mit öffentlichen Verkehrsmitteln, zu Fuß oder auch mit dem eigenen Auto.

... zu Fuß

Während man in den Städten Bahrains, der Emirate und des Oman problemlos zu Fuß unterwegs sein kann, ist das in Katar, Kuwait und Saudi-Arabien sehr unüblich. Auf jeden Fall kann es auf Grund der großen Hitze sehr anstrengend sein.

lau samaht wên il-mîna ?
wenn erlaubtest-du wo der-Hafen
Verzeihung, wo ist der Hafen?

wên il-balad?
wo das-Land
Wo ist das Stadtzentrum?

rûh / rûhi sîda wa-ba*dên liff / liffi *ala ish-shimâl!
geh!(m/w) geradeaus und-dann dreh!(m/w) auf der-links
Gehen Sie geradeaus und biegen Sie dann nach links ab!

Die meisten Städte am Golf wurden erst in den späten 60er Jahren gebaut und deswegen fehlen hier oft historische Bauwerke, wie Bazare oder alte Moscheen, die man sonst für typisch orientalisch halten würde.

gûl lî min fad̲lak wên ish-shâri* Chalîfah bin Zâyid.
sag!(m) für-mich bitte wo die-Straße Zayid
Sagen Sie mir bitte, wo ist die Sheikh Khalifah bin Zayed Straße?

rêwis lên tishûf binâya çibîra*ala yimînak, imshi shwayy wa-ihnâk tih̲as̲s̲il ish-shâri*!
geh-zurück!(m) bis du-siehst(m) Gebäude groß(w) auf rechts-dein geh!(m) wenig und-dort du-findest(m) die-Straße
Gehe etwas zurück, bis du rechts ein großes Gebäude siehst, gehe etwas weiter und dort ist die Straße!

Wenn man nach dem Weg fragt, sollte man besser mehrere Personen fragen, da bei Unkenntnis oft eher eine falsche Auskunft gegeben wird als gar keine.

hini a: **ihni**	hier
ihnak	dort
***ala il-yimîn**	nach rechts
***ala ish-shimâl**	nach links
sîda a: ***ala t̲ûl** a: **dughri**	geradeaus

→

rêwas, yirêwis	zurückgehen
laff, yiliff	abbiegen
râh, yirûh	folgen
il-jiha a: is-sôb	die Richtung
il-masâfa	die Entfernung
shamâl	Norden
janûb	Süden
gharb	Westen
sharg	Osten
ba*îd min	weit von
garîb min	nahe von

... mit dem Taxi

In allen Golfstaaten kann man sich mit dem Taxi fortbewegen. Außer in Kuwait gibt es Taxameter, die auch zuverlässig benutzt werden. Viele Taxifahrer sind Pakistanis oder Afghanen und sprechen oft selbst besser Englisch als Arabisch. In den Emiraten, dem Oman und Saudi-Arabien gibt es Sammeltaxis, die eine bestimmte Strecke befahren (meist über Land) und erst dann losfahren, wenn sie voll sind. Sie stellen eine gute Alternative zu Bussen dar.

taksi / takâsi	Taxi
serfîs	Sammeltaxi
maugif	Haltestelle
dawwâr	Kreisel, Verkehrs-knotenpunkt
il-balad a: il-dîra	Stadtzentrum
madîna / mudun	Stadt
garya / gurâ	Dorf
mîna a: **bandar** a: **marfâ**	Hafen
maṯâr	Flughafen

Im Zweifelsfall sollte man lieber den Preis aushandeln, bevor man in ein Taxi einsteigt. Meistens wird jedoch auf den Taxameter verwiesen.

abgha arûẖ ila il-maṯâr! çam tabi?
ich-will ich-gehe nach der-Flughafen wie viel du-willst(m)
Ich möchte zum Flughafen, wie viel kostet das?

lâ dîr bâl! arûẖ b-il-*addâd!
nein dreh!(m) Sinn ich-gehe mit-der-Zähler
Mach dir keine Sorgen, ich fahre mit Taxameter.

hôbb ihni!
stoppe!(m) hier
Halte hier!

waddîni *ala jiddah!
bring-mich auf Jiddah
Bringen Sie mich nach Jiddah!

âna mista*jil / mista*jila wâjid, mumkin tizîd galîl is-sur*a?
ich in-Eile(m/w) sehr, möglich du-vermehrst(m) wenig die-Geschwindigkeit
Ich habe es sehr eilig, kannst du etwas schneller fahren?

lâ, ya chuy il-*ajala min ish-shaytân!
nein, o Bruder-mein die-Eile von der-Teufel
Nein, mein Herr, die Eile ist des Teufels!

Übrigens sollte man über sein Fahrtziel immer etwas mehr als nur die Straße wissen. Zum Beispiel: „in der Nähe der Mashreq Bank", oder so ähnlich. Erstens, weil die Straßen sehr lang sein können, und zweitens, weil die Taxifahrer nicht immer die Straßennamen kennen.

... mit dem Bus

Außer in den Emiraten und in Katar gibt es sehr gute Reisebusverbindungen. In Saudi-Arabien sind sie eine preisgünstige Alternative zu den Inlandflügen. Die Busse haben immer eine Klimaanlage. Fahrkarten sollten 24 Stunden vor Fahrtantritt gekauft werden. Nahverkehrsverbindungen mit Bussen gibt es nur in einigen Städten z. B. in Masqat.

pâs / pâsât	Bus
otobês / otobêsât	Bus
tadhkara / tadhâkir	Fahrkarte
si*ir	Fahrpreis
maugif il-pâsât	Busbahnhof
rakab / yirkab	einsteigen
nazal / yinzil	aussteigen
drêwil a: **sâyig**	Fahrer
garya / gurâ	Dorf
daraja	Klasse (im Zug)
janta / jinat	Koffer
çîs a: **janta**	Tasche
hagâyib a: **aghrâd**	Gepäck
mag*ad / magâ*yid	Sitzplatz

wên maugif il-pâsât?
wo Haltestelle die-Busse
Wo ist die Bushaltestelle?

ha-l-pâs râyih il-manâma?
dies-der-Bus gehend(m) der-Manama
Fährt dieser Bus nach Manama?

mata râyih?
wann gehend(m)
Wann fährt er ab?

mata yôsal f-il-manâma?
wann er-ankommt in-der-Manama
Wann kommt er in Manama an?

abi anzil f-il-maugif il-jây.
ich-will ich-steige-aus in-die-Stataion der-kommend(m)
Ich möchte bei der nächsten Haltestelle aussteigen!

bi-çam li-shachs̲ wâh̲id ila il-manâma?
mit-wie viel für-Person ein(m) nach der-Manama
Was kostet es für eine Person nach Manama?

... mit dem Zug und dem Flugzeug

Züge gibt es nur in Saudi-Arabien. Für weite Entfernungen im Oman und in Saudi-Arabien gibt es außerdem Flugverbindungen. Die Preise sind etwas niedriger als in Europa.

t̲arîg il-h̲adîd	Eisenbahnlinie
git̲âr	Zug
mah̲at̲t̲at il-git̲âr	Bahnhof
mâshi wa-jây	hin und zurück
daraja il-ûla / it-thâniya	erste / zweite Klasse
tachfîd̲	Ermäßigung
t̲ayarân	Flug
mat̲âr	Flughafen
tadhkara / tadhâkir	Flugticket
t̲ayyâra	Flugzeug
safar	Reise
t̲âr, yit̲îr	fliegen
sâfar / yisâfir	verreisen

... mit dem Schiff

Fährverbindungen nach Jiddah gibt es von Ägypten, Eritrea, Jordanien und dem Sudan aus. Von Bandar Abbas im Iran kommt man nach Bahrain und in die Emirate. Wem das zu wenig Abenteuer ist, der kann auch auf einem arabischen Segelboot (dâw) mitfahren.

... mit dem Auto

Auf Grund des hohen Wohlstands in den Golfstaaten sind Privatautos zum Haupttransportmittel geworden. Tatsächlich lassen sich die Länder am optimalsten mit einem Mietwagen erkunden. Die Preise sind zwar durchaus europäisch, allerdings ist das Benzin spottbillig. Wenn man selber fährt, sollte man sich unbedingt an die Verkehrsregeln halten. Zu schnelles Fahren ist teuer und Unfälle müssen immer der Polizei gemeldet werden.

In Saudi-Arabien ist Frauen das Autofahren verboten, Ausländer sind automatisch an Unfällen schuld, in die sie verwickelt sind. Am besten eignet sich selbstverständlich ein Landcruiser für die Wüste. Auf einigen Strecken, vor allem im bergigen Oman, ist es sicher ratsam, einem ortskundigen Einheimischen das Fahren zu überlassen.

ishârat murûr	Ampel
machraj	Ausfahrt / -gang
iksôstr	Auspuff
sayyâra / -ât	Auto
mikanîki	Automechaniker
batrôl a: **benzîn**	Benzin
brêk / -ât	Bremse
jisr / jusûr a: **kûbri**	Brücke
dîzil	Diesel
madchal	Einfahrt / -gang
hudûd	Grenze
hurin a: **bawâri**	Hupe
charîta	Karte
radêtar / -ât	Kühler
klaç	Kupplung
shwayy shwayy	langsam
motôr	Motor
***adi**	Normalbenzin
âyil	Öl
tabdîl âyil	Ölwechsel
tâyir / -ât a: **kafar**	Reifen
bi-sâ*a a: **bi-sur*a**	schnell
zahma	Stau
mumtâz	Superbenzin
shîsht il-batrôl	Tankstelle
mahattat il-benzîn	Tankstelle (in Kuwait /Saudi-Arabien)
çayyak, yiçayyik	überprüfen, checken
hâdith / hawâdith	Unfall
ta'mîn / -ât	Versicherung
malyân – fârigh	voll – leer

abi astâjir sayyâra. çam tabi li-subû* wâh̲id?
ich-will ich-miete Auto
wie viel du-willst(m) für-Woche ein(m)
Ich würde gerne ein Auto mieten.
Wie viel kostet das pro Woche?

wên fî shîsht il-batrôl hini?
wo es-gibt Pumpe das-Benzin hier
Wo gibt es hier eine Tankstelle?

ha-t̲-t̲arîg chat̲îr walla lâ?
dies-der-Weg gefährlich(m) oder nein
Ist diese Straße gefährlich?

âna d̲âyi*!
ich verlierend
Ich habe mich verirrt!

çayyik ir-radêtar wa-il-âyil!
überprüfe!(m) der-Kühler und-der-Öl
Überprüfen Sie Kühler und Öl!

il-brêkât ma tishtaghil!
die-Bremsen nicht sie-arbeitet
Die Bremsen funktionieren nicht.

min fad̲lak baddil lî il-âyil!
bitte wechsel!(m) für-mich das-Öl
Wechseln Sie mir bitte das Öl!

fashsh it-tâyir!
abgenommen-er der-Reifen
Ich habe eine Reifenpanne!

mumkin tisallih is-sayyâra halhîn?
möglich du-reparierst(m) die-Auto jetzt
Könnten Sie das Auto jetzt reparieren?

itris it-tânki min fadlak!
fülle!(m) der-Tank bitte
Volltanken, bitte sehr!

nazzif il-jâm!
putze!(m) der-Glas
Putzen Sie die Scheiben!

An den Tankstellen der Golfstaaten tankt man Gallonen und nicht Liter. Eine Gallone sind 4,55 Liter.

***ashara galanât mumtâz min fadlak.**
10 Gallonen Super bitte
Zehn Gallonen Superbenzin bitte.

Noch etwas zum Thema Anhalter: Mal abgesehen von den asiatischen Gastarbeitern ist es eigentlich nur in den Emiraten und dem Oman möglich per Anhalter zu fahren, trotzdem werden sich die Einheimischen wundern, einen Europäer trampen zu sehen. Sollten Sie selber fahren, können Sie ruhig Anhalter mitnehmen. Auf dem Land kann das eine gute Möglichkeit sein, Menschen kennen zu lernen und Ihr Arabisch zu verbessern.

Übernachten

In allen Golfstaaten gibt es ein gutes Angebot an Übernachtungsmöglichkeiten. Das größere Problem ist, billige Hotels zu finden. Während es in den Städten hohe Standards gibt und fast alle Zimmer mindestens über eine Klimaanlage verfügen, findet man auf dem Land häufig einfache Pensionen und Motels, die eigentlich für Lkw-Fahrer gedacht sind. Jugendherbergen gibt es nur in Bahrain, den Emiraten und Saudi-Arabien und meist leider außerhalb der Stadtzentren. Internationale Jugendherbergsausweise werden akzeptiert. Auf dem Land kann man außerdem kampieren. Zelte sind in den Golfstaaten natürlich nichts Außergewöhnliches, trotzdem sollte man möglichst nicht dort zelten, wo man jemanden stört oder seine Privatsphäre verletzt. In der Wüste ist das kein Problem, in der Nähe von Ortschaften oder Siedlungen von Beduinen schon eher. Ausgesprochene Campingplätze gibt es nur in Saudi-Arabien.

***afwan wên fî fundug rachîs hini?**
Verzeihung wo es-gibt Hotel billig(m) hier
Verzeihung, wo gibt es hier ein billiges Hotel?

***indkum hijra fâdiyya ma* kirfâya wahda / kirfâyatên?**
bei-euch Zimmer frei(w) mit Bett eine / Bett-zwei
Haben Sie ein Einzel- / Doppelzimmer?

çâm il-hijra ma* il-fatûr / ma* il-hammâm?
wie viel das-Zimmer mit das-Frühstück / mit das-Badezimmer
Was kostet das Zimmer mit Frühstück / mit Bad?

nibga yôm wâhid / yômên /
drei Tage / Woche
thalâtha ayyâm / subû*.
wir-bleiben Tag eins / Tag-zwei /
Wir werden einen Tag / zwei Tage / drei Tage / eine Woche bleiben.

mumkin ashûf il-hijra?
möglich ich-sehe das-Zimmer
Kann ich das Zimmer sehen?

mumkin tinazzif / tihaddir il-hijra?
möglich du-säuberst / du-bereitest-vor(m) das-Zimmer
Können Sie das Zimmer sauber machen / vorbereiten?

f-il-hijra ma fî manâshif.
in-das-Zimmer nicht es-gibt Handtücher
Im Zimmer fehlen die Handtücher.

il-hijra mûb nazîfa.
das-Zimmer nicht sauber(w)
Das Zimmer ist nicht sauber.

fundug / fanâdig a: **utêl**	Hotel
bêt / byût a: **dâr / dûr**	Haus
hijra / hijar a: **ghurfa**	Zimmer
raqam il-hijra	Zimmernummer
miftâh il-hijra	Zimmerschlüssel
dâr ish-shabâb	Jugendherberge
kâmping	Campingplatz
fâdi	leer, unbesetzt
mahjûz a: **malyân**	voll, besetzt
kirfâya / -ât a: **sarîr**	Bett
mirgad	Matratze
lihâf / luhuf a: **barnûs**	Decke
muchadda	Kopfkissen
mukayyif a: **êrkon**	Klimaanlage
hammâm	Badezimmer, Toilette
dûlâb a: **kabat**	Kleiderschrank
mirâ'a / marâya	Spiegel
tâbig / tawâbig a: **dûr / adwâr**	Stockwerk
kahraba	Strom
lamba a: **misbâh**	Lampe
mâyy bârid	Kaltwasser
mâyy hârr	Warmwasser
chêma / chyâm	Zelt
bêt sha*ar	Beduinenzelt (aus Kamelhaar)
nazîf	sauber
wasich	schmutzig
hajaz, yihjiz	reservieren

Essen und Trinken

Die Küche der Golfstaaten ist fast unbekannt und tatsächlich ist sie nicht sehr vielfältig. Es gibt einige Spezialitäten, die man nicht verpassen sollte, allerdings wird man wohl eher zu nicht einheimischen Gerichten greifen. Hierbei handelt es sich um die Küchen der Gastarbeiter. Vorwiegend sind hier libanesische und indische Speisen beliebt. In den Großstädten gibt es außerdem hervorragende Restaurants und Schnellimbisse mit Köstlichkeiten aus allen Ländern dieser Welt.

Das Frühstück

Auf dem Land isst man *i<u>s</u>îd *und* chabî<u>s</u>, *süße Speisen aus Mehl, Honig und einem Haufen Gewürze.*

Westliches Frühstück (fa<u>t</u>ûr a: ryûg) findet man vor allem in den westlichen Hotels.

chubiz	Brot
zibda a: **dihin**	Butter
***asal**	Honig
murabba	Marmelade
jibna	Käse
bê<u>d</u>(Mz)	Eier
laban a: **rôb**	Jogurt

Viele Einheimische essen zum Frühstück Datteln (tamir) und trinken Milch (<u>h</u>alîb). Oft wird Fladenbrot mit Olivenöl (zêt zêtûn) und einer Oregano-Thymian-Mischung (z*atar) gegessen.

Mittag- und Abendessen

Wie gesagt, für ein Mittag- oder Abendessen (ghada / *asha) gibt es hier eine breite Auswahl an verschiedensten Küchen. Zuerst eine kleine Einführung in die libanesische Küche.

Im Libanon und den Staaten des Mittleren Ostens isst man als Vorspeise sogenannte mazze. Die wichtigsten sind:

hummus	Kichererbsenpüree mit Sesam und Olivenöl
tahîna	Sesamsoße
ṯabbûla	Petersilien-Minz-Salat
baba ghanûj	Auberginenpüree mit Olivenöl
falâfil	fritierte Kichererbsenknödel
kibbi	Fleischbällchen

Als Hauptspeise gibt es dann meist Fleisch oder Fisch in den verschiedensten Ausführungen.

laḫm *ijl	Rindfleisch
laḫm ghanam	Hammelfleisch
dajâj	Hühnerfleisch
simaç	Fisch
kabâb	Fleischspieß
shîsh ṯawûk	Hühnerspieß
shâwarma	Döner-Kebab

An indischem Essen bekommt man alles vom nordindischen Tandoor-Grill bis zu den südindischen Feuertöpfen. Das wichtigste Gericht ist das **biryâni**, eine Art Reisplatte mit Fleisch oder Fisch. Biryanis werden oft von mehreren Personen zusammen von einer großen Platte gegessen. Man sitzt auf dem Boden um die Platte herum und isst mit den Fingern, indem man kleine, mundgerechte Klümpchen (**lugma**) formt. Nehmen Sie sich immer nur von dem direkt vor Ihnen liegenden Reishaufen und greifen Sie nicht über die Platte. Gegessen wird ausschließlich mit der rechten Hand!

Übrigens sehen es die Einheimischen gerne, wenn Ausländern ihre Küche schmeckt. Die einheimischen Gerichte, die man nicht in Restaurants bekommt, bestehen meist aus Reis oder Gemüse, Fleisch und einer speziellen Gewürzmischung (**bzâr**), hier eine kleine Auswahl:

balâlît	Gericht aus Nudeln und Eiern
tharîd	Gericht aus Fleisch, Gemüse und Fladenbrot
shinyâla	Reisbällchen
şâlôna	Gericht aus Fleisch und Gemüse
***irsi**	gekochtes Fleisch mit Reis
maçbûs	meist Fisch mit Reis und Gewürzen
margûg	Gericht aus Teig und Fisch
harîs	gekochtes Getreide mit Fleisch

Zu allen Gerichten wird Brot gereicht und hiervon gibt es gleich einige Sorten:

chubiz	Brot, auch Fladenbrot (zu libanesischen Gerichten)
çabb a: **chamîr**	Brot aus Hefeteig
rgâg	dünnes Fladenbrot
m<u>h</u>alla	dünnes, mit Dattelsirup bestrichenes Brot
rôti a: **çapâti**	dünnes indisches Weizenbrot
nân	indisches Fladenbrot aus dem Tandoor-Ofen

Andere Beilagen sind:

bêdhinjân	Auberginen
fûl	Bohnen
chu<u>d</u>ar	Gemüse
thûm	Knoblauch
makrûna	Nudeln
bâmya	Okra
zêtûn	Oliven
***êsh** a: **ruzz**	Reis
za*farân	Safran
salâ<u>t</u>a	Salat
<u>t</u>amâ<u>t</u> a: **bandôra**	Tomaten
silsil	scharfe Tomatensoße
busal	Zwiebeln

Getränke

Tee ist das am meisten getrunkene Getränk (mashrûba) in den Golfstaaten. Aber auch Kaffee wird, vor allem in den Städten, oft getrunken. Der arabische Kaffee wird mit Kardamon (habba hâl a: gnâd) getrunken. Die Zubereitung von Tee und Kaffee ist eine langwierige Zeremonie.

mashrûbât	Getränke
çây	Tee
bunn mahawwig	Kaffee (arab.)
gahwa sâda	Beduinenkaffee
gahwa turkiyya	Kaffee (türk.)
gahwa bêda	"Weißer Kaffee" aus Rosenwasser
nîskafê	Kaffee (europ.)
tagahwa, yitgahwa	Kaffee trinken
bidûn shakar	ohne Zucker
ma* galîl shakar	mit wenig Zucker
madbûta	mittelsüß
shakar ziyâda	sehr süß
halîb	Milch
mayy ma*dani	Mineralwasser
bebsi	Cola
***asîr**	Saft
koktêl fawâkih	Fruchtcocktail
bîra	Bier

Obst

tiffâh	Äpfel
môz	Bananen
tamir	Datteln
rtab	frische Datteln
chalâl	reifende Datteln
jôz hindi	Kokosnüsse
lûmi	Limetten
hamba	Mango
battîch	Melonen
fawâkih	Obst
burtugâl	Orangen
yihh a: **guhh**	Wassermelonen
***inab**	Weintrauben
lîmûn	Zitronen

Wie man sieht, wird Obst immer mit den Gattungsbezeichnungen (Kollektiva) angegeben. Sehen Sie sich dazu nochmals den Grammatikteil an!

Süßspeisen / Nachtisch

baglâwa	Gebäck mit Pistazien und Honig
kanâfa	palästinensische Süßspeise aus Käse
basbûsa	Gebackene Nusssüßigkeit
gatayif	Art Krepp (vor allem im Monat Ramadan)
halwa	Süßigkeiten (allg.)
bûza	Eis
shîsha a: **narjîla**	Wasserpfeife

Im Restaurant

Ähnlich wie bei den Hotels gibt es hier alles – von Restaurants bis zu Schnellimbissständen. Speisekarten gibt es vor allem in einfachen Lokalen nicht. Trinkgelder (bachshîsh) liegen etwa bei 10%. Den Kellner in einem einfachen Lokal kann man mit ya walad! oder ya uchuya! anreden, während man in einem besseren Restaurant ya garsûn! sagen sollte. In indischen Etablissements wird man oft auf Englisch besser verstanden.

wên fî mat*am michassas fi wajbât shargiyya?
wo es-gibt Restaurant spezialisiert(m) in Speisen orientalisch(w)
Wo gibt es ein typisch arabisches Restaurant?

ahlan wa-sahlan, çam intum?
willkommen wie viel ihr
Seien Sie willkommen! Wie viele sind Sie?

nihin thalâta!
wir drei
Wir sind zu dritt!

shû *indkum?
was bei-euch
Was haben Sie zu essen?

***indkum biryâni?**
bei-euch Biryani
Haben Sie Biryani?

âna abi kabâb wa-salâṯa!
ich ich-möchte Kabab und-Salat
Ich hätte gerne Fleischspieße und einen Salat!

ih̲na nibgha *irsi wa-margûg
wir wir-wollen Irsi und Margug
Wir möchten Irsi und Margug!

Vor dem gemeinsamen Essen sagt man b-ism-illâh! (Im Namen Gottes!). Danach sagt man il-h̲amdu li-llâh! (Dank sei Gott!).

il-akil kân zên!
der-Essen war-er gut(m)
Das Essen war hervorragend!

ya walad, jîb lî il-h̲isâb!
o Junge bring!(m) für-mich die-Rechnung
Herr Ober! Die Rechnung bitte!

Um zu zahlen, ruft man den Kellner. Oft bekommt man schon vorher eine Rechnung, mit der man dann an der Kassa zahlt.

mashkûr, challi il-bâgi!
danke lass!(m) der-Rest
Danke, der Rest ist für Sie!

maṯ*am	Restaurant
gaymat iṯ-ṯa*âm	Speisekarte
akal, yâkil	essen
shirib, yishrab	trinken
difa*, yidfa*	bezahlen
h̲ajaz, yih̲jiz	reservieren →

→

jû*ân / -a	hungrig
***atshân / -a**	durstig
shaba*an	satt
a: **shâbi* / -a**	
fatûr a: **ryûg**	Frühstück
ghada	Mittagessen
***asha**	Abendessen
mêz a: **têbil**	Tisch
finjân a: **kûb**	Tasse
glâs / -ât	Glas
sahin / shûn	Teller
siçîn / siçâçîn	Messer
gafsha / gfâsh	Löffel
çingâl / çanâgîl	Gabel
mandîl / manâdîl	Serviette
garsûn	Kellner
bachshîsh	Trinkgeld
matbach	Küche
milh	Salz
shakar	Zucker
filfil	Pfeffer
zêt	Öl
chall	Essig
bârid	kalt
hârr	warm, heiß
hilu	süß
hâmid	sauer
matbûch	gekocht
mashwi	gebraten
magli	fritiert

Die Familie

Die Grundlage der arabischen Gesellschaft ist die Familie, der Clan und im weiteren der Stamm (siehe auch das Kapitel Namen). Da die Familie oft ein Gesprächsthema ist, sind hier die wichtigsten Verwandtschaftsbeziehungen aufgeführt.

gabîla / gabâyil	(Volks-) Stamm
ahil	Familie a: Familienclan
***âyla**	Familie
***ashîra**	Sippe, die nächsten Verwandten
ubu a: **wâlid**	Vater
umm a: **wâlida**	Mutter
yadd / aydâd	Großvater / Großväter
yadda / -ât	Großmutter / Großmütter
walad / wild a: **ibn / abnâ**	Sohn / Söhne
bint / banât	Tochter / Töchter
uchu / ichwân	Bruder / Brüder
uchut / achawât	Schwester / -n
***amm / a*mâm**	Onkel (väterl.)
***amma / -ât**	Tante (väterl.)
châl / achwâl	Onkel (mütterl.)
châla / -ât	Tante (mütterl.)
ibn *amm; ibn châl	Cousin →

→

bint *amm; bint châl	Cousine
***arîs / *irsân**	Bräutigam
***arûs / *arâyis**	Braut
h̲urma / h̲arîm	Ehefrau
a: **zawja**	
rajil / rjal a: **zawj**	Ehemann
nasîb / ansibâ	Schwager
nasîba / -ât	Schwägerin
h̲am	Schwiegervater
h̲ama	Schwiegermutter
jâr / jîrân	Nachbar
jâra / -ât	Nachbarin

Zu Gast sein

Auf Grund der rauen Lebensverhältnisse in den Golfstaaten bildet die Gastfreundschaft einen, vor allem früher, oft lebenswichtigen Bestandteil der Gesellschaft. Wenn man beispielsweise in der Wüste unterwegs ist, wird man es bei Beduinen schwer haben, Einladungen zu einem Tee oder gar zu einem Ehrenmahl (fwâla) abzulehnen. Dieser direkte Kontakt zu der einheimischen Bevölkerung ist wohl mit die beste Möglichkeit das Land kennen zu lernen. Man muss verstehen, was Fremde für einen Reiz ausmachen, sind sie doch oft die einzigen Informationsquellen.

Und wenn dann der Besuch noch die Landessprache spricht, ist das natürlich die absolute Offenbarung. Nützen Sie diese höchst interessanten Treffen und tauschen Sie Informationen aus, das ist wahres Reisen.

Wie bereits gesagt, ist die Familie in den Golfstaaten überaus wichtig. Unser Individualismus ist den Arabern fremd. Man lebt in und für die Gemeinschaft und stellt seine eigenen Ziele sicher nicht über die der Familie. Probleme werden zusammen geklärt und es besteht eine klar definierte Hierarchie zwischen den einzelnen Personen, aber auch zwischen Männern und Frauen.

Als Gast sollte man grundsätzlich Verständnis und Interesse zu einer Einladung mitbringen.

All diese Informationen gelten gleichermaßen für die Land- und Stadtbevölkerung. Beim Betreten von Privatwohnungen oder Häusern werden meist die Schuhe ausgezogen. Man begrüßt zuerst den Gastgeber, dann ältere Leute und danach alle anwesenden Männer. Es ist nicht gesagt, dass man als Mann zwangsläufig den Frauen des Hauses vorgestellt wird und sollte daher auch nicht darauf bestehen. Wie überall auf der Welt sind die Kinder ein wichtiges Gesprächsthema und es hilft oft, das erste Eis zu brechen.

Wenn man etwas mitbringen will, was übrigens nicht zwingend ist, kann man kleine Geschenke oder Süßigkeiten für die Kinder besorgen – das wird immer sehr geschätzt.

is-salâmu *alêkum! tfaddal!
der-Friede über-euch bitte sehr(m)
Friede sei mit dir, tritt bitte ein!

ahlan w-sahlan!
Herzlich willkommen!

Antwort: **ahlan bîk!**
Sei willkommen!

marhaba bîk!
Sei willkommen!

sh-lônak?
was-Farbe-dein(m)
Wie geht es dir?

sh-lôn il-ahil?
was-Farbe die-Familie
Wie geht's der Familie?

bi-chêr, il-hamdu li-llâh!
mit-Güte der-Dank für-Gott
Gott sei Dank gut!

tfaddalu dishshu!
bitte sehr(m, Mz) tretet-ein(m, Mz)!
Bitte sehr, tretet ein!

shû tishrab? çây aw bebsi?
was du-trinkst Tee oder Cola
Was willst du trinken? Tee oder Cola?

çây min fadlak!
Tee bitte
Einen Tee bitte!
tfaddalu starîhu!
bitte sehr(m, Mz) ruht-aus(m, Mz)
Bitte sehr, setzt euch! / ruht euch aus!

wildak altâf wâjid.
Kinder-deine nett(Mz) sehr
Deine Kinder sind sehr nett.

Wenn man gehen will, muss man sehr diplomatisch sein, um nicht den Eindruck zu erwecken, dass es einem nicht gefallen hat. Man kann zum Beispiel Folgendes sagen.

shukran li-ha-l-*azîma. lêla sa*îda w-ila il-ligâ in-sha'-allah!
danke für-dies-die-Einladung Nacht glücklich(w) und-bis das-Treffen wenn-will-Gott
Vielen Dank für die Einladung! Gute Nacht und hoffentlich bis bald!

Übrigens gilt es als unhöflich, Besuche zwischen 13.00 und 16.00 Uhr abzustatten. In dieser Zeit wird nämlich ein Mittagsschläfchen (gêlûla) gehalten!

Religion

Saudi-Arabien ist das Kernland des Islam. Dem Propheten Mohammed wurde hier der Heilige Koran offenbart. Von hier aus starteten die Eroberungszüge, die im Jahre 656 bereits dem gesamten Mittleren Osten sowie einem Großteil Nordafrikas die Religion Allahs brachten. Am Anfang des 8. Jahrhunderts war der Islam von Andalusien bis zum Indus bekannt. Heute ist der Islam eine Weltreligion mit schätzungsweise einer Milliarde Gläubigen. Mekka, die Stadt der Ka'aba (al-ka*aba), ist nach wie vor das Zentrum der Religion. Die Einwohner der Golfstaaten sehen sich als direkte Nachfahren der Ur-Moslems und sind auf dieses Erbe mächtig stolz. Einige Länder des Golfs, vor allem Saudi-Arabien, zählen zu den religiösesten Staaten der Welt. Die Menschen sind traditionell sehr gläubig und der Islam regelt das gesamte Leben der Einheimischen und dabei ist er viel tiefer in den familiären und zwischenmenschlichen Strukturen des Alltags ausgeprägt als das Christentum bei uns. Als Besucher in den Golfstaaten sollte man Verständnis, Toleranz und Rücksicht für die Vorstellungen, Riten und Gebräuche der Gläubigen mitbringen. Kritik und Vergleiche zum „Westen“ sind nicht angebracht und sollten unbedingt vermieden werden. Man muss wissen, dass das Arabische ganz eng mit der Religion verbunden ist, so ist bis heute die Grundlage der Sprache der Koran. Aus diesem Grund ernten Arabisch-Lernende, wie Sie, viel Sympathie und Bewunderung. Die Frage nach der Konfession ist bei Ausländern üblich. Man sollte hierauf immer antworten, dass man gläubig ist, die Religion ist zweitrangig, obwohl man als Christ sicher am besten ankommt. Atheismus dagegen löst nur Unverständnis aus. Nicht-Moslems dürfen in allen Golfstaaten Moscheen normalerweise nicht betreten, allerdings kann da vor Ort oft eine Ausnahme gemacht werden.

dîn / adyân	Religion
islâm	Islam
muslim / -în	Muslim
sunni / -yyîn	Sunnite
wahhâbi / -yyîn	Wahhabit (in Saudi-Arabien)
***ibâdi / -yyîn**	Ibadi (im Oman)
shi*i /- în	Schiite
mu'min	Gläubiger
masihiyya	Christentum
masîhi / -yyîn	Christ, christlich
yahûdi / -yyîn	Jude, jüdisch
ahil il-ktâb	Muslime, Christen und Juden
salât / salawât	Gebet
salla, yisalli	beten
saum	Fasten (im Ramadan) →

→

s̲âm, yis̲ûm	fasten
hijra	Pilgerfahrt nach Mekka
qur'ân	Koran
h̲adîth	Hadith (Aussprüche des Propheten)
jâmi* a: **masyid**	Moschee
minâra	Minarett
mih̲râb	Gebetsnische
gibla	Gebetsrichtung
nabî a: **rasûl**	Prophet (Mohammed)
chamsa arkân il-islâm	die 5 Pfeiler des Islam
imâm	Vorbeter der Sunniten
sharî*a	islamisches Recht
h̲ijâb a: **chimâr**	Kopftuch der Frauen
t̲âgîya	Gebetskäppchen der Männer
misbah̲a	Rosenkranz

Wenn Moslems den Namen des Propheten aussprechen, sagen sie dazu s̲alla allah *alîh wa-salima (in etwa: „Möge Gott ihn segnen und schützen!")

Kaufen und Handeln

Ob auf Märkten oder in einigen Geschäften, in Hotels oder Autovermietungen, das Handeln ist üblich und man sollte ruhig auch davon Gebrauch machen. Es ist eine alte arabische Tradition und eine echte Kunst. Da man keine allgemein gültigen Regeln aufstellen kann, wie man sich beim Handeln zu verhalten hat, sind hier einfache Richtlinien angeführt. Erstens sollte man nie die Geduld verlieren. Ein gutes Geschäft dauert unter Umständen einige Stunden, wenn nicht sogar Tage. Zweitens sollte man freundlich bleiben. Handeln ist ein Spiel, bei dem letztendlich beide Verhandlungspartner den besten gemeinsamen Nenner erzielen wollen. Fragen Sie ruhig zuerst nach dem Befinden des Verkäufers und plaudern Sie möglichst viel mit ihm auf Arabisch, damit er erkennt, dass Sie sich auskennen und nicht leicht „über den Tisch zu ziehen" sind. Drittens muss man nicht sofort beim Erstbesten kaufen. Es ist sinnvoll sich umzuschauen, um Preisvergleiche zu bekommen. Letztendlich ist Handeln mit Humor und „Theaterspielen" verbunden, so kann man Witze machen und sich originelle Gründe einfallen lassen, um etwas billiger zu bekommen. Auch weggehen hilft oft und man wird vom Verkäufer zurückgerufen. Wenn man erstmal auf den Geschmack des Handelns gekommen ist, kann man es nicht mehr lassen.

kam tabi li-hâdha?
wie viel du-willst(m) für-dies
Was kostet das?

thamânîn dirham.
achtzig Dirham
80 Dirham.

ya laṯîf! âna mûb malyûnêr!
o gütiger ich nicht Millionär
Was?! Ich bin doch kein Millionär!

ya uchuya, hâdha ghâli wâjid! inta lâzim tichaffiḏ shwayy!
o Bruder dieser teuer(m) sehr du notwendig du-verbilligst(m) wenig
Das ist sehr teuer Bruder, du musst mir einen guten Preis machen!

lâ, hâdha mûb ghâli, hâdha rachîs̱ wâjid.
nein dieser nicht teuer(m) dieser billig(m) sehr
Nein, das ist doch nicht teuer, das ist sehr billig!

yallah chudh sittîn!
los! nimm!(m) sechzig
Hier nimm 60!

zên zên! jîb lî sittîn!
gut gut gib!(m) für-mich sechzig
O.K., gib mir 60!

is-salâm *alêk, chudh il-flûs!
der-Frieden über-dich nimm!(m) das-Geld
Ich danke dir! Hier nimm das Geld.

Am Ende sollte man immer eine Floskel parat haben, etwa:

ya*tik il-*âfiya!
er-gebe-dir das-Wohlbefinden
Möge Gott dir Kraft geben!

Oft wird der Geschäftsbesitzer dem Käufer zu seiner guten Wahl oder auch zu seiner Geschicklichkeit beim Handeln gratulieren.

mabrûk, wallâhi inta rayyâl *âlim!
Gratulation tatsächlich du Mann intelligent(m)
Glückwunsch, du bist wirklich ein schlauer Mann!

Antwort:
allah yibârik fîk!
Gott er-segnet in-dich
Ich beglückwünsche dich!

shtira, yishtiri	kaufen
bâ* , yibî*	verkaufen
shâf , yishûf	anschauen

ashûf shwayy bas!
ich-schaue wenig nur
Ich schaue nur etwas!

dawwar, yidawwir	suchen
adawwir ...	ich suche ...
ich-suche	
rawwa, yirawwi	zeigen
rawwini ...!	Zeigen Sie mir ...!
zeige!-mir (m)	
thaman a: **si*ir**	Preis
flûs	Geld
ghâli	teuer
rachîs	billig
chaffad, yichaffid	den Preis ermäßigen
sûg / aswâg	Markt
dikkân / dakâkîn	Laden, Geschäft
sâhib	Ladenbesitzer
bayyâ*	Händler, Verkäufer

Goldschmuck wird nur nach Gewicht und nicht nach Verarbeitung berechnet!

Zu kaufen gibt es übrigens eine Menge, z.B. Schmuck:

hurz	Amulett
swâra / swêrât	Armreif
dhahab	Gold
sôgh / syâgh	Goldschmuck
***ilta**	Halskette
mâra a: **mirta*sha**	Halskette (meist aus Gold)
çaff	Handschmuck der Frauen
hiyil	Fußschmuck der Frauen
nuhâs	Kupfer →

→

chizâma	Nasenring
tarçiyya / tarâçi a: **halag**	Ohrring
lûlu a: **gmâsh**	Perlen
mutbûgiyyi	Schmuckschatulle
fidda	Silber

Kleidung:

sêr a: **mhazam**	Gürtel der Beduinen
çaffiya a: **ghitra**	Kopftuch der Männer
***agâl**	schwarzes Kopfband, das über der çaffiya getragen wird
jild	Leder
wizra / wuzar	Lendentuch der Männer
thôb a: **kandôra**	Männergewand
dishdâsha	Männergewand (im Oman)
bishit a: ***abâya**	Mantel der Beduinen
burga* / barâji*	Gesichtsmaske für Frauen
mdâsa / -ât a: **ni*âl**	Sandalen
brîsam a: **harîr**	Seide
gimâsh	Stoff
labas, yilbas	anprobieren →

→

Kunsthandwerk und anderes:

hinna	Henna
fill	Jasmin
çihil	Kajal (Schminke für die Augen)
mizalla a: **dalla**	Kaffeekanne
finyâl / fnâyla	Kaffeetasse
shdâd	Kamelsattel
chanjar a: **kattâra**	Krummdolch
daggâga; rabâba; smâ*	einige typische Musikinstrumente
srây a: **fanâr**	Öllampe
sêf / syûf	Schwert
ghûri	Teekanne
istikâna	Teetasse
zûliyya / zuwâli	Teppich
siyyâda a: **sajjâda**	Gebetsteppich
bsâṯ / busuṯ	gewebter Teppich
bchûr a: **dchûn**	Weihrauch
girfa	Zimt

So das reicht hoffentlich an Kunsthandwerk und typisch Arabischem. In den Duty-Free-Zonen Abu Dhabis und Dubais wird selbstverständlich Englisch gesprochen.

Geschäftlich unterwegs

Obwohl der Tourismus immer wichtiger wird, reisen die meisten Ausländer wohl immer noch in die Golfstaaten um hier geschäftlich tätig zu sein. Aus diesem Grund sind hier einige Informationen angeführt, die hoffentlich nützlich sind.

Während meines Aufenthalts in Abu Dhabi sah ich sie immer wieder, diese leidvollen Gesichter westlicher Geschäftsmänner, die in den Lounges der internationalen Hotels saßen und versuchten, Projekte in den Emiraten aufzuziehen. Wahrhaftig haben nur wenige Erfolg und das liegt oft nur an einigen kleinen Details. Wenn Sie vorhaben, geschäftlich in die Golfstaaten zu reisen, bedenken Sie Folgendes:

1. Auf Grund der hervorragenden sozialen Politik der Länder, sind Armut, Arbeitslosigkeit, aber auch Steuern, Sozialabgaben usw. für die einheimischen Einwohner Fremdwörter. Das heißt, die Triebkraft ein neues, kompliziertes Geschäft abzuwickeln ist eine andere. Der Reichtum der Golfstaaten sprudelt aus eigener Kraft aus dem Boden. Klar, dass sich da die Mühe nicht immer auszahlt!

2. Bis vor dreißig Jahren führten die Araber nur Handel. Das bedeutet, dass jedes Geschäft, das mehr ist als ein reiner Tausch im Sinne Produkt gegen Geld, relativ gesehen noch Neuland ist. Bedenken Sie dies und setzen Sie nicht Wissen voraus.

3. Wie bereits gesagt wurde, bestehen Verflechtungen zwischen den einzelnen Stämmen. Oft werden Geschäfte nur gemacht, um einem anderen Stamm einen Gefallen zu tun (oder sie werden eben deshalb nicht gemacht!). Erkundigen Sie sich und bedenken Sie dies, wenn Sie Ihren persönlichen Sponsor aussuchen.

Im Nachfolgenden noch ein paar kleine Tipps, sozusagen als Etiquette für richtiges Auftreten:

Persönlicher Kontakt Ein gutes Geschäft funktioniert nur, wenn Sie sich mit Ihren Gesprächspartnern verstehen. Vertrauen ist hier oberstes Gebot. Geschäftsthemen werden oft erst beim zweiten oder dritten Treffen angesprochen. Übrigens wird in den Golfstaaten nicht zwischen Geschäft und Freizeit unterschieden. Verbringen Sie viel Zeit mit Ihren Partnern und machen Sie sie zu Ihren Freunden. Die Gastfreundschaft, die man Ihnen zukommen lässt, wird natürlich auch in Ihrem Heimatland verlangt.

Geduld So schwierig es oft sein mag, nehmen Sie sich Zeit und haben Sie Geduld. Die preußische Vorstellung von Pünktlichkeit können Sie ruhig zu Hause lassen. Üben Sie vor allem keinen zu starken Druck auf Ihre Partner aus und lassen Sie sie nicht ihr Gesicht verlieren.

Sprache Vielleicht werden Sie noch nicht in der Lage sein, die Gespräche vollkommen auf Arabisch zu führen, egal. Sprechen Sie es so viel wie möglich, besonders beim angesprochenen Smalltalk.

Kleidung

Trotz Hitze sollten Männer keinesfalls auf einen Sakko und Krawatte verzichten. Frauen sind im Geschäftsleben noch selten anzutreffen, umso wichtiger ist hier ein seriöses Outfit.

Geschäftsjahr

Geschäftsreisen sollten im Sommer (von Juni bis September) vermieden werden, da wegen der großen Hitze die meisten wichtigen Personen in Europa oder den Vereinigten Staaten auf Urlaub sind. Ebenso während des dhû al-hijja (Pilgermonat), in dem man nach Mekka pilgert.

Ramadan

Der ramadân (Fastenmonat) eignet sich zwar nicht für beinharte Businessgespräche, dafür umso mehr, um persönliche Kontakte zu pflegen. Man trifft sich nach Sonnenuntergang zum gemeinsamen Essen und Plaudern.

Also lassen Sie sich nicht verunsichern und bedenken Sie, dass Sie als Arabischsprechender sowieso schon mal einen riesigen Vorteil haben. Übrigens wenn einmal das erste Geschäft geklappt hat, stehen Ihnen eine Menge Türen offen. Viel Erfolg!

Erdöl

Natürlich kann hier keine Einführung ins Business-Arabisch vorgenommen werden, trotzdem führe ich einige Worte an, die in einem Gespräch nützlich sein können.

batrôl a: **naft**	Erdöl
naft il-châm	Rohöl
misfâ'a	Erdölraffinerie
barmîl	Barrel
***ard wa-talab**	Angebot und Nachfrage
intâj	Produktion
istihlâk	Verbrauch, Konsum
it-tijâra	Handel
tasdîr	Export
istîrâd	Import
istithmâr	Investition
id-darâ'ib	die Steuern
azma	Krise
muqâta*a didd ...	Boykott gegen ...
id-duwal is-sinâ*iyya	die Industriestaaten
ûbîk	OPEC

majlis it-t*â'ûn id-duwal il-chalîj il-*arabiyya
Rat die-Zusammenarbeit die-Staaten der-Golf die-arabische (w)
GCC (Staatenbund der sechs Golfstaaten)

Fotografieren

Die Golfstaaten bieten traumhaft schöne Motive, die jeden Fotografen faszinieren. Ob Wüste, Meer, Gebirge, Menschen oder einfach Stillleben, man findet selten eine solche Vielfalt. Trotzdem muss man vorsichtig sein. Der Islam verbietet es, Menschen abzubilden und deswegen sollte man nicht einfach Personen ablichten, ohne vorher ihr Einverständnis zu bekommen. Viele Einheimische werden erst einwilligen, wenn Sie versprechen ihnen später das Foto zu schicken. Desweiteren muss man aufpassen, dass man nicht versehentlich militärische Einrichtungen fotografiert. Hierzu können Kasernen, Polizeiposten, aber auch Flughäfen, Brücken und Straßen zählen. Falls man von der Polizei angehalten wird, ist es am besten ohne Widerrede den Film herzugeben.

***afwan, mumkin as̲awwir hini?**
Verzeihung möglich ich-fotografiere hier
Entschuldigung, darf ich hier fotografieren?

***afwan mumkin as̲awwirak?**
Verzeihung möglich ich-fotografiere-dich
Entschuldigung, darf ich Sie fotografieren?

na*am, wa-lâkin lêsh?
ja aber warum
Ja, aber warum?

lâ, hâdha harâm!
nein dies verboten
Nein, das ist verboten (durch die Religion)!

abi dhikra min baladak bas!
ich-will Erinnerung von Land-dein(m) nur
Ich möchte nur eine Erinnerung an dein Land!

filim / aflâm	Film, Filme
filim mulawwan	Farbfilm
filim abyad w-aswad	Schwarz-Weiß-Film
kêmara	Kamera
kêmara fidiyo	Videokamera
sûra / suwar	Foto, -s
flâsh	Blitz
sawwar, yisawwir	fotografieren
hammad, yihammad	Film entwickeln

Bank

Das Bankensystem der Golfstaaten ist ausgezeichnet und steht dem in westlichen Ländern üblichen in nichts nach. Die einheimischen und internationalen Banken sind von Samstag bis Donnerstag geöffnet. Hier kann Geld gewechselt und mit internationalen Kreditkarten gezogen werden. Bankbeamte sprechen oft gut Englisch.

abgha as̲rif flûs.
ich-will ich-wechsel Geld
Ich möchte Geld wechseln.

kîf si*ir il-mârk / id-dûlâr?
wie Preis die-Mark / der-Dollar
Wie ist der Kurs der D-Mark / des Dollars?

bank / bnûk	Bank
shêk / -ât	Scheck
s̲araf, yis̲rif	wechseln (Geld)
s̲arrâf	Geldwechsler
flûs	Geld
dûlâr / -ât	Dollar
mârk / -ât (almâni)	D-Mark
shiling nimsâwi	Österreichischer Schilling
frânk (swîsri)	Schweizer Franken

Post

In allen größeren Orten der Golfstaaten gibt es Postämter. Meist muss man hier etwas warten. Briefe nach Europa dauern etwa eine Woche. Eine Alternative zu Postämtern bieten die großen Hotels.

âna lâzim ṯâbi* li-almâniya.
ich notwendig Briefmarke nach-Deutschland
Ich brauche eine Briefmarke für Deutschland.

abi arsal ha-l-maktûb ila in-nimsa.
ich-will ich-schicke dieser-der-Brief nach das-Österreich
Ich möchte diesen Brief nach Österreich schicken.

barîd	Post
maktab il-barîd	Postamt
maktûb / makâtîb	Brief
a: **risâla / rasâyil**	
s̲andûg il-barîd	Briefkasten; Postfach
ṯâbi* / ṯawâbi*	Briefmarke
z̲arf / z̲urûf	Briefumschlag
ṯard / ṯurûd	Paket
bôstkârd	Postkarte
***inwân**	Adresse
musajjil	per Einschreiben
barîd il-jauwi	Luftpost
rasal, yirsil	schicken

Telekommunikation

Das Telefon- und Faxnetz wird in allen Golfstaaten von großen Telekommunikationsgesellschaften betrieben, die in allen Städten Büros haben, von denen man anrufen und auch angerufen werden kann. In den Emiraten heißt diese Gesellschaft z. B. ETISALAT, in Bahrain BATELCO usw. In diesen Büros wird immer Englisch gesprochen.

âna abgha muchâbara *ala hisâb il-achar ila almâniya.
ich ich-möchte Gespräch auf Kosten der-Andere nach Deutschland
Ich möchte ein R-Gespräch nach Deutschland.

talafôn / -ât a: **hâtif**	Telefon
talfan / yitalfin a: **châbar, yichâbir**	telefonieren
operêtar	Telefonist
ansêring mashîn	Anrufbeantworter
fâks	Fax
muchâbara *ala hisâb il-achar	R-Gespräch

Behörden

Da die Einreise in die meisten Golfstaaten, ob geschäftlich oder als Tourist, nicht ganz einfach ist, beginnt der Behördengang meist im Heimatland mit einem Besuch bei der jeweiligen Botschaft. Im Land selbst wird man danach wohl kaum mehr mit Polizei oder Einwanderungsbehörden zu tun haben, es sei denn, man will länger im Land bleiben.

Grundsätzlich sollte man immer freundlich, geduldig und vor allem gut gekleidet auftreten. Ob es nützlich ist, Arabisch zu sprechen, sollte vor Ort entschieden werden. Die Beamten sind fast immer nett und zuvorkommend. Korruption gibt es, im Unterschied zu anderen arabischen Staaten, hier nicht!

In Saudi-Arabien gibt es außer der gewöhnlichen Polizei noch die matawwa, eine Art Sittenpolizei, die darauf achtet, dass sich Moslems an die Gebetszeiten halten und sich nicht unsittlich benehmen. Falls Sie, als nicht-moslemischer Tourist, mit der matawwa in Berührung kommen sollten, weisen Sie sich aus und vermeiden Sie jeden Ärger.

abgha aṯawwil il-wîza.
ich-will ich-verlängere das-Visum
Ich möchte mein Visum verlängern lassen.

man il-mas'ûl l-il-iqâma?
wer der-Verantwortliche für-der-Aufenthalt
Wer ist für die Aufenthaltsgenehmigung verantwortlich?

shurta a: **pôlîs**	Polizei
matawwa	Sittenpolizei (Saudi-Arabien)
shurti a: **pôlîs**	Polizist
sifâra	Botschaft (diplomatisch)
wazârat id-dâchiliyya	Innenministerium
idârat il-jinsiyya w-il-hijra	Ausländer- und Visabehörde
muwazzaf	Beamter
maktab	Büro
jumruk	Zoll
basbôr a: **jawâz**	Reisepass
ruchsat siyâga *Genehmigung Fahren*	Führerschein
wîza	Visum
iqâma	Aufenthalts-genehmigung
shakwa	Anzeige, Klage
tawwal, yitawwil	verlängern
sâlih	gültig
mûb sâlih	ungültig, abgelaufen
mas'ûl	verantwortlich

In der Wüste und anderswo

Der größte Teil der arabischen Halbinsel ist Wüste. Das Leben hier ist weder für die einheimischen Beduinen noch für die Reisenden einfach. Aus diesem Grund ist es üblich, einander zu helfen. Man sollte Fremde grundsätzlich ansprechen, nach ihrem Befinden fragen und Neuigkeiten austauschen. Man wird feststellen, dass die gastfreundlichsten Menschen diejenigen sind, die am wenigsten haben und hier in der Wüste einen alltäglichen Überlebenskampf führen. Mein persönlicher Tipp ist, sich auf jeden Fall einen einheimischen Fahrer oder Führer zu nehmen und die Gefahren der Wüste nicht zu unterschätzen.

wên il-wâha il-jâya? hiya ba*îda min hini?
wo die-Oase die-kommend(w) sie weit(w) von hier
Wo ist die nächste Oase? Ist sie weit von hier?

lâ, mûb ba*îda, hiya garîba wâjid. ismha sanam!
nein nicht weit(w) sie nah(w) sehr. Name-ihr S.
Nein, nicht weit, sie ist in der Nähe und heißt Sanam!

fî tarîg sahrâwi min hini ila ish-shamâl?
es-gibt Weg wüstig(m) von hier nach der-Norden
Gibt es hier eine Wüstenpiste in Richtung Norden?

sahra	Wüste
rub* il-châli a: **ir-rimâl**	*das leere Viertel*
wâha	Oase
rasta / -ât	gepflasterte Straße
tarîg sahrâwi	Wüstenpiste
raml	Sand
jabal / jbâl	Berg
band a: **hidab** a: **hazim**	Sanddüne, Hügel
***argûb**	große Sanddüne
wâdi / wudyân	Tal, Wadi
bîr / abyâr	Brunnen
falay	Bewässerungs-system (im Oman)
garya / gura	Dorf
nachla / nachal	Palme, Dattelpalme
mayy	Wasser
bêt sha*ar	Beduinenzelt aus Kamelhaar
gatî'a*	Herde
bi*îr / ba*ârîn	Kamel
rçâb	Reitkamel
dhlûl (Mz)	Transportkamele
shdâd a: **rahl / rihâl**	Sattel (Kamel)
***agrab**	Skorpion
rwêl	Strauß (Vogel)
shâhîn / shuwâhîn a: **sagir / sgûr**	Falke
thilthên	junger Falke
bdiwi / badu	Beduine
***arab / *urbân**	Wüstenaraber
hdara (Mz)	sesshafte Araber

Krank sein

Das Gesundheitswesen aller Golfstaaten ist exzellent und durchaus mit westlichen Standards zu vergleichen. Abgesehen davon, dass in den meisten Ländern die gesundheitliche Versorgung für Einheimische kostenlos ist, gibt es hoch qualifizierte Ärzte, von denen die meisten im Ausland studiert haben und perfekt Englisch, manchmal sogar Deutsch sprechen. Es gibt eine Menge internationaler Krankenhäuser, die von Ihrer jeweiligen Botschaft vermittelt werden können. In einigen Städten, z. B. in Masqat, gibt es darüber hinaus auch die Möglichkeit alternativer Heilmethoden wie der chinesischen oder der indischen (Ayurveda) Medizin. Natürlich ist es trotzdem ratsam einige grundsätzliche Regeln einzuhalten, um unangenehme Situationen zu vermeiden. Erstens sollte man es vermeiden, Leitungswasser zu trinken und ungewaschenes Obst und Gemüse zu essen. Außerdem sollte man vor allem in der Wüste und am Strand die Sonne nicht unterschätzen.

âna marîd / marîda.
ich krank(m/w)
Ich bin krank(m/w).

wên fî dachtôr?
wo es-gibt Arzt
Wo gibt es einen Arzt?

lâzim ashûf id-dachtôr.
nötig ich-sehe der-Arzt
Ich muss zum Arzt.

***indi alam b-il- ...**
bei-mir Schmerz mit-der
... tut mir weh!

yadd	mein Arm; meine Hand
***ên / *ênên**	mein Auge / meine Augen
batn	mein Bauch
rijl	mein Bein / mein Fuß
ragaba	mein Hals
galb	mein Herz
râs	mein Kopf
mâ*ida	mein Magen
thamm a: **fomm**	mein Mund
udhun	mein Ohr
zahr	mein Rücken
asnân	meine Zähne

***indi ishâl.**
bei-mir Durchfall
Ich habe Durchfall.

***indi hurga ish-shams.**
bei-mir Verbrennung die-Sonne
Ich habe einen Sonnenbrand.

âna lâzim *ilâj didd ...
ich notwendig Medizin gegen
Ich brauche ein Mittel gegen ...

ishâl	Durchfall
imsâk	Verstopfung
humma	Fieber
iflu'ênza	Grippe
bard	Erkältung
sudâ*	Kopfschmerzen
hurga ish-shams	Sonnenbrand
saidiliyya	Apotheke
dachtôr a: **tbîb**	Arzt
tnaffas, yitnaffis	atmen
sahha	Gesundheit
mustashfa	Krankenhaus
mustashfa siniyya	chin. Krankenhaus
mustashfa hindiyya	ind. Krankenhaus
mumarrida	Krankenschwester
marad / amrâd	Krankheit
***ilâj**	Medikament
alam / âlâm	Schmerz
habba / hubûb	Tablette
jarha/ jurûh	Wunde
tbîb il-asnân	Zahnarzt

âna *indi ibra.
ich bei-mir Spritze
Ich habe meine eigene Spritze dabei.

ma abgha ibra!
nicht ich-will Spritze
Ich möchte keine Spritze!

Toilette

Der Standard der Toiletten entspricht nicht immer dem, was wir gewöhnt sind. In den Hotels und teuren Restaurants gibt es meistens europäische Toiletten, ansonsten findet man auch Steh- und Hockklos, bei denen es kein Toilettenpapier gibt, sondern nur einen Wasserschlauch oder einen Krug, um sich nach getaner Arbeit die Hände zu waschen. Will man das nicht unbedingt ausprobieren, sollte man stets eigenes Papier bei sich haben.

wên il-hammâm l-il-harîm / l-ir-rayâyîl?
wo die-Toilette für-die-Frauen / für-die-Männer
Wo ist die Damen- / Herrentoilette?

hammâm a: **toylet**	Toilette
warag il-hammâm	Toilettenpapier

Unterschiede im Dialekt

Wie bereits in der Einleitung gesagt wurde, gibt es regionale Unterschiede im Golf-Arabischen. Diese Unterschiede sind relativ gering, was die Grammatik betrifft, aber es gibt einige wichtige bezüglich des Vokabulars und der Aussprache. Es gibt Ausdrücke, die man nur in Katar oder Bahrain findet, die so wichtig sind, dass man sie als Reisender unter Umständen täglich braucht. Natürlich wird man mit dem Dialekt von Abu Dhabi überall verstanden, aber es gibt eben ein paar Besonderheiten.

In Kuwait sagt man:	**abbi**	ich möchte
	aku	Gibt es? / Gibt es.
	mâku	Gibt es nicht!
	êsh <u>h</u>agga?	Warum?
	mînu?	Wer?
	chôsh	gut
	sîda	geradeaus
	allah b-il-chêr!	Guten Tag! / Auf Wiedersehen!
In Katar sagt man:	**abbi**	ich möchte
	hast	Gibt es? / Gibt es.
	ma mîsh	Gibt es nicht!
	shôfa	Hilfe
	gaddêsh?	Wie viel?
In Bahrain sagt man:	**bala / bali**	ja
	bazir / bzûr	Kind

Nur von den Beduinen werden folgende Ausdrücke verwendet:

allah allah	ja
imhag!	Verdammt!
il-guwwa?	Wie geht's?
allah yigawwîk!	Es geht mir gut!

Saudi-Arabien

Noch etwas zur Sprachsituation in Saudi-Arabien. Auf Grund der Größe des Landes kann man nicht nur von einem saudischen Dialekt sprechen. Insgesamt unterscheidet man drei Zonen. Erstens die Ostküste (il-chalîj), an der das hier vorgestellte Golf-Arabisch gesprochen wird. Zweitens das Landesinnere (in-najd) rund um die Hauptstadt Riyad (ir-riyâd), wo das Arabische noch mehr der Hochsprache gleicht als sonst irgendwo. Und drittens die Westküste (il-hijâz) mit den Metropolen Jiddah (jiddah) und Mekka (makka), wo ein Dialekt gesprochen wird, der eher dem im Jemen und in Ägypten ähnelt. Natürlich gilt auch hier, dass man mit dem Golf-Arabischen überall gut verstanden wird. Hier einige wichtige Ausdrücke im Wortschatz des *arabi hijâzi.

kwayyis	gut
aiwa	ja
gaddêsh?	Wie viel?
fên?	Wo?

In der folgenden Wörterliste sind etwa 1.000 Wörter aufgeführt, die als Grundwortschatz wohl ausreichen dürften. Wenn manchmal mehrere arabische Begriffe für einen deutschen stehen, dann heißt das, dass einer nur in einem bestimmten Land zu finden ist. Gibt es einfach mehrere Ausdrücke, steht zwischen beiden Begriffen ein a: *für „auch".*

Farben, Speisen, Getränke, Lebensmittel, Autoteile, Bekleidung und andere spezifische Ausdrücke werden nicht aufgeführt, da sie leicht in den entsprechenden Kapiteln gefunden werden können.

+bF *bedeutet mit besitzanzeigendem Fürwort.*

Hauptwörter *werden immer sowohl in der Einzahl- als auch in der Mehrzahlform aufgeführt (sofern diese vorhanden ist). Wenn die Mehrzahlformen regelmäßig sind, steht allerdings nur „/ -în" bzw. „/ -ât" hinter dem Wort.*

Verben *werden sowohl in der Grundform der Vergangenheit (also in der 3. Person Einzahl) als auch in der Grundform der Gegenwart (auch hier die 3. Person Einzahl) angegeben.*

Grundsätzlich *ist noch zu sagen, dass sich die Liste streng an die alphabetische Reihenfolge hält. * wird nicht berücksichtigt. (es zählt der folgende Buchstabe).*

A-Z Deutsch – Golf-Arabisch

A

abbiegen laff, yiliff
Abend masa a: lêla
Abendessen *asha
aber wa-lâkin a: bass
abfahren râh, yirûh
abreisen sâfar, yisâfir
Abteilung dâyra / dawâyir
Abu Dhabi abu zabi
Abu Dhabi, aus zibyâni
Adresse *inwân / *anâwin
Ägypten masir
Afghanistan afghânistân
Ajman *ajmân
allein bi-rûh-(+bF)
alles kill
als (zeitl.) lamma a: lên
als (Vergleich) min
alt (Personen) kibîr / kbâr a: çibîr
alt (Dinge) *atîj / -în
Alter *umur / *mâr
Andenken tadhkâr
andere achar
anfangen bada, yibda
Angestellter muwazzaf
Angst chôf
Angst haben châf, yichâf
anhalten waggaf, yiwaggif
ankommen wisal, yôsal
Ankunft wusûl
anschauen shâf, yishûf a: çâf, yiçûf
Antwort jawâb
antworten jâwab, yijâwib
anziehen, sich libas, yilbas
Apotheke saidaliya
Araber *arabi / *arab
Arabisch *arabi
arabische Halbinsel il-jizîrat il-*arabiyya
Arbeit shughul / ashghâl
arbeiten shtaghal, yishtaghil
Arbeiter *âmil / *ummâl
arm fagîr
Arzt dachtôr / dachtôra a: daktôr a: tbîb
auch ba*ad a: kadhâlik
auf *ala
Aufenthalt iqâma
aufhören challas, yichallis
aufstehen gâm, yigûm
aus min
außen barra
außer illa a: ghêr
Ausfuhr ichrâj
Ausgang churûj
ausgezeichnet mumtâz / -în
Auskunft ma*lûmât
Ausland chârij
Ausländer ajnabi / ajânib
ausländisch ajnabi
Ausreise churûj
ausruhen, sich starâh, yistarîh
Aussprache munâqasha
aussteigen nazal, yanzil
Ausstellung *ard
Ausweis bitâgat ish-shachsiyya
Auto sayyâra / -ât
Autowerkstatt garâj

B

baden hammam, yihammim
Badezimmer hammâm / -ât
Bahnhof mahatta
Bahrain il-bahrên
bald garîban
Bank bank / bnûk
Bargeld kâsh
Bart shârib / shawârib
Batterie batri / batâri
bauen bana, yabni
Bauer fallâh
Baum shajara / shijar
Bedeutung ma*na
Beduine bdiwi / badu
beeilen, sich sta*jal, yista*jil
beenden challas, yichallis
beginnen bada, yibda
begrüßen jmd. sallam, yisallim *ala
Behörde idâra
bei *and
Beispiel, zum mathalan
bekannt machen, sich t*arraf, yit*arrif bi-
benachrichten chabbar, yichabbir
benutzen sta*mal, yista*mil

Benzin batrôl a: benzîn
beraten, jmd. nasah, yinsah
bereit hâdir
Berg jabal / jbâl
Beruf mihna
berühmt m*arûf a: mashhûr
beschweren, sich shtika, yishtiki *ala
Beschwerde shakwa / shakâwi
besichtigen zâr, yizûr
Besichtigung ziyâra / -ât
Besitzer râ*i / -în
besser azyan a: ahsan
bestellen talab, yatlub
bestrafen *âgab, y*âgib
Besuch ziyâra / -ât
besuchen zâr, yizûr
betrunken sakrân
Bett kirfâya / -ât
Bettzeug sharshaf
bevor gabil
bezahlen difa*, yidfa*
Bier bîra
Bild sûra / suwar
billig rachîs
bis lên
bisschen galîl a: shwayy
Bitte min fadlak
bitten talab, yitlab
Blatt warga / urâg
bleiben baga, yibga
Blume zahra / zahar
Boot jalbût / jalâbît
Botschaft (dipl.) sîfâra
Brand harg
Brauch *âda / -ât
brauchen lâzim-(+bF) a: htâj, yihtâj
Braut *arûsa / -ât
Bräutigam *arûs / *irsân
breit wasi*
brennen harag, yiharig
Brief maktûb / makâtîb a: risâla / rasâyil
Briefkasten sandûg il-barîd
Briefmarke tâbi* / tawâbi*
Briefumschlag zarf / zurûf
Brille nazâra / -ât
bringen jâb, yijîb
Brot chubiz
Brücke jisr / jusûr
Bruder uchu / ichwân
Brunnen bîr / abyâr
Brust(korb) sadr
Buch ktâb / kutub
Buchstabe harf / hurûf
bunt mulawwan
Burg gasr / gusûr
Büro maktab / makâtib
Bus pâs / -ât a: otobês / -ât

C / D

Café gahwa
Chauffeur drêwil a: sâyig
Chef rayyis / -în a: mudîr
Club nâdi
da ihnâk
dahinter chalf a: warâ
damit lajil
danach *ugub a: ba*d
danke mashkûr a: shukran
danken tashakkar, yitashakkir
dann ba*dên
darum li'an
dass innu
das heißt ya*ni
Datum târîch
Dauer mudda
dauern dâm, yedûm
denken fakkar, yifakkir
deshalb bi-ha-s-sabab a: *ayal
deutsch almâni
Deutsche(r) almâni / almân
Deutschland almâniya
Dhau dâw
Dialekt *âmiya a: lahja
dick samîn / simân
Dieb sârig / -în a: harâmi
Diebstahl sirga
Ding hâja / -ât a: shayy / ashyâ'
Direktor mudîr
Diskothek diskô
Doha id-dôha
Dolmetscher mutarjim / -în
Dorf (Ortschaft) garya / gurâ
dort ihnak
dorthin ila ihnak
drehen laff, yiliff
dringend, es ist lâzim
du inta (m); inti (w)
Dubai dbayy a: dubayy
dumm mahbûl
durch bi / b-
Durchfall ishâl
durstig *atshân
Dusche dûsh

E

echt sahh
egal ma *alê!
Ehefrau hurma / harîm a: zawja / -ât
Ehemann rajil / rjal a: zawj / azwâj
ehrwürdig sharîf
Ei bêda / bêd
Eigentum milk / amlâk
eilig mista*jil
eine wâhda
einer wâhid
einfach sahl a: basît
Eingang madchal
einige bâ*d +Mz
einladen, jmd. dâ*a, yidâ*i
Einladung da*wa
einmal marra wâhda
einsteigen rakab, yirkab
eintreten dashsh, yidishsh
einverstanden! muwâfig!
Einwohner sâkin / sukkân
Eis (Speise-) bûza a: ayskrîm
Eisen hadîd
Eisenbahn tarîg il-hadîd
Eiswürfel thalj
Eltern wâlidên
Emir amîr
empfangen gâbal, yigâbil
empfehlen wassa, yiwassi
Ende nihâya
eng dayyiq
Engländer ingilîzi / ingilîz
englisch ingilîzi
entwickeln (Film) hammad, yihammid
Entschuldigung! *afwan!
er huwa
Erde ard (w)
Erfolg tawfîg a: najâh
erhalten hasal, yihsil
erholen, sich starâh, yistarîh
erinnern, sich dhakar, yadhkur
Erinnerung tafkîr a: dhikra
erklären sharah, yishrah
erlauben samah, yismah
erzählen haça, yihçi a: haka, yihki
essen kal, yâkil
Essen akil a: ta*âm
Etage dûr / adwâr a: tâbig / tawâbig
etwa tagrîban
etwas shayy
etwas (wenig) galîl a: galîlan

F

Fabrik masna*
Faden chêt / chuyût
fahren sâg / yisûg
Fahrkarte tadhkara / tadhâkir
Fahrpreis ijra
falsch ghalat
Familie *âyla / *awâyil
Farbe lôn / alwân
fast tagrîban
faul (träge) kaslân
Feier hafla / -ât
feiern htafal, yihtafil
Feld (Acker) hagl / hugûl
Fenster dirîsha / dirâyish
Ferien *utla a: ijâza a: ruchsa
fern ba*îd
Fernsehgerät talawizyôn
fertig jâhiz
Fest (religiös) *îd / a*yâd
Feuer nâr
Fieber humma
Film filim, aflâm
finden hassal, yihassil
Firma sharika / -ât
Fisch simaç
Fischer sammâç
Flasche botil / btâla
Fleisch lahm / luhûm
fliegen târ, yitîr
Flughafen matâr
Flugticket tadhkara / tadhâkir
Flugzeug tayyâra
Fluss nahr / anhâr
Foto sûra / suwar
Fotoapparat kêmara
fotografieren sawwar, yisawwir
Frage su'âl / as'ila
fragen sa'al, yis'al
Frau hurma / harîm
frei hurr
frei (Zimmer) fâdi

Freiheit hurriya
fremd ajnabî
freuen, sich farih, yifrah
Freund sadîg a: rifîj a: sâhib
Frieden salâm
Friseur hallâg / -în
fröhlich farhân
Früchte fawâkih
früh bâkir
Frühling rabî*
Frühstück fatûr a: ryûg
fühlen, sich sha*ar, yish*ur
Führerschein ruchsat siyâga
für li / l-
fürchten, sich (vor) châf, yichâf men
Fujairah il-fijêra
Fuß rijil / rijlîn

G

Gabel çingâl / çanâgîl a: shôka / -ât
ganz kâmil
Garten bustân / basâtîn a: hadîga / hadâyig
Gas gâz
Gast dêf / dyûf
Gastfreundschaft diyâfa
Gaststätte mat*am / matâ*im
Gebäck chubiz
Gebäude binâya / -ât a: *imâra / -ât
geben *ata, ya*ti
Gebirge jibâl
Gebühr rusûm
Geburtstag *îd milâd
Gefahr chatar
gefährlich chatîr
Gefängnis habs a: sijn
Gefühl shu'ûr
gegen didd
gegenüber gubâl a: muqâbil
gehen misha, yimshi
Geld flûs
Gemüse chudar
gemütlich murîh
genau b-iz-zabt
genug! chalâs!
Gepäck hagâyib a: aghrâd
geradeaus sîda a: *ala tûl a: dughri
Geschäft (Laden) dikkân / dakâkîn
Geschenk hadiyya / hadâya
Geschichte (Hist.) tarîch
Geschichte (Erzähl.) hikâya / -ât
geschlossen mughlag
Gesellschaft (Firma) sharîka / -ât
Gesetz ganûn, gawânin
Gespräch muchâbara
gestern ams
gesund sâlim
Gesundheit sahha
Getränk mashrûba / -ât
Getreide zara*
Gewicht wazn
gewinnen rabah, yirbah
Glas (Trink-) glâs / -ât
glauben saddag, yisaddig
Glück hazz
glücklich masrûr
Golfkrieg harb il-chalîji
Gold dhahab
Gott allâh
Grammatik gawâ'id a: nahu
Gras hashîsh
gratulieren bârak, yibârik
Grenze hudûd
Grippe iflu'ênza
groß çibîr a: kibîr
Größe (Kleid.) magâs
Großmutter yadda / -ât
Großvater yadd / aydâd
Grund sabab / asbâb
Gruppe jamâ*a
Gruß salâm / -ât
grüßen (sich) sallam, yisallim *ala
gültig sâlih
gut zên a: tayyib

H

Haar shi*ir
haben *ind-(+bF)
Hafen mîna / mawâni a: bandar
Hälfte nuss
halten wagaf, yûgaf
Haltestelle maugif / mawâgif a: mahatta
Hand yadd / -ên
Handel tijâra
Händler tâjir / tujjâr
Handtuch manshafa
hässlich bashi*
Hauptstadt *âsima

Haus dâr / dûr
a: bêt / byût
Heft daftar / dafâtir
heilig mugaddas
Heirat zawâj
heiß hârr
helfen sâ*ad, yisâ*id
Herbst charîf
Herr sayyid / sâda
heute il-yôm
hier hini a: ihni
Hilfe musâ*da
Himmel samâ
hinter chalf a: *ugb
a: warâ
hoch *âli
hoffen rajâ, yirjû
hoffentlich in-sha'-allah
höflich mu'adhdhab
holen jâb, yijîb
Holz hatab a: chashab
hören sima*, yisma*
Hose bantalûn / banâtlîn
Hotel utêl a: fundug /
fanâdig
hübsch (Pers.) jamîl
Hunger jû*
Hund çalb / çilâb
a: kalb / kilâb
Hygiene nazâfa

I / J

ich âna
ihr intum (m); intin (w)
immer dâ'iman
impfen gegen
ta**am, yita**im didd
in (zeitl./ örtl.) fi a: f-
Indien il-hind
Industrie sinâ*a
Information ma*lumât
Ingenieur muhandis / -în
Insel jizîra / juzur
intelligent dhaki
interessant
muhimm a: mumti*
interessieren, sich
hamm, yihimm bi-
international dawli
Irak il-*irâq
Iran il-îrân
irgend (-wer / -was)
fulân
Islam islâm
ja na*am a: î
Jahr *âm / a*wâm
a: sana / sinîn
Jahreszeit fasl / fusûl
jährlich sanawi
jedenfalls *ala kill hâl
jeder kill wâhid
jedes Mal kill marra
jemand ahâd a: wâhid
Jemen il-yemen
jetzt halhîn
Jiddah jiddah
Jordanien il-urdun
Journalist sahâfi / -în
Jude yahûdi / yahûd
jüdisch yahûdi
jung saghîr
Junge walad / wlâd

K

Kaffee gahwa
kalt bârid
Kälte bard
Kamel bi*îr / ba*ârîn
kaputt maksûr
Karte bitâga / -ât
Käse jubn
Kasse sandûg
Kassette kâsêt têb
Katar gitar
Katari gitari / -yyin
kaufen shtira, yishtiri
kennen *iraf, ya*arif
kennen lernen (jmd.)
ta*arraf, yita*arraf *ala
Kind tifl / atfâl
a: *ayyil / *ayâl
Kino sînama / -ât
Klage shakwa /
shakâwa
Kleidung hdûm
klein saghîr
Kleingeld fakka
Klingel jars
klingeln dagg, yidigg
klug *âlim
Koch tabbâch
kochen tabach, yitbach
Koffer janta / jinat
kommen jâ, yaji
komm her! ta*âl!
kompliziert sa*b
König mâlik
Königreich mamlaka
können yamkin li-(+bF)
a: mumkin li-(+bF)
können (echtes Verb)
gdar, yigdir
Konsulat gunsuliyya
Konzert (Musik)
haflat musîqiyya
Koran il-qur'ân
Koranschule kuttâb /
katâtîb
Korn (Getreide) gamh

kosten (probieren) dhâg, yidhûg
kosten (Preis) kallaf, yikallif
kostenlos blâsh
krank marîd
Krankenhaus mustashfa
Krieg harb / hurûb
Küche matbach / matâbich
Kuh bgara / -ât
kühl bârid
Kühlschrank thalâja / -ât
Kunst fann / funûn
Künstler fannân / -în
künstlich sinâ*i
Kupfer nuhâs
kurz gasîr
Kuss bûsa / -ât
küssen bâs, yibûs
Kuwait il-kwêt
Kuwaiti kwêti / -yyin

L

lächeln btasam, yibtasam
lachen dahak, yidhik
Laden dikkân / dikâkîn
Lampe lamba / -ât
Land (nicht Stadt) rîf
Land (Staat) balad / bildân
Landkarte charîta / charâyit
Landwirtschaft zirâ*a
lang (Entfernung) tawîl
lange Zeit mudda tawîla a: zamân tawîl
langsam bi-hudu' a: shwayy shwayy
langweilig mumill
lassen tirak, yitrik
laufen, rennen jara, yijri
laufen (weg-) shirad, yishrid
laut bi-sawt *ali
leben (phys.) *âsh, yi*îsh
leben (wohnen) sikan, yiskin
Leben hayât a: *umur
Lebensmittel akl / -ât
Leder jild
ledig *azab a: mûb mitzawwij
leer fâdi
legen tarah, yitrah
lehren darras, yidarris
Lehrer mu*allim / -în
leicht (Aufgabe) basît
leicht (Gewicht) chafîf
leihen tasallaf, yitsallaf
lernen ta*allam, yit*allam
lesen gara, yigra
letzter achîr
Leute in-nâs
Libanon il-lubnân
Licht nûr a: daû
lieben habb, yihibb
Lied ughniyya / aghânin
Linie chatt, chutût
links shimâl a: yisâr
Löffel gafsha / -ât
Lohn, Gehalt ujra / ujûr
los! yallah!
Löwe asad / usûd
Luft hawâ
lügen kadhab, yikdhib
Lügner kadhdhâb / -în

M

machen *amal, yi*mal
Madina madîna
Mädchen bint / banât
Mal marra / -ât
malen rasam, yirsim
Manama il-manâma
manchmal ahyânan a: ba*d il-marrât
Mann rayyâl / rayâyîl a: rajil / rjâl
Markt sûg / aswâg
Masqat masqat
Masqat, aus masqati
Maus fâr, firân
Mechaniker mikanîki
Medikament ilâj a: dawa / adwiya
Meer bahr / buhûr
mehr akthar
meinen zann, yizinn
Meinung ray
Mekka makka
Mensch insân / nâs
merkwürdig *ajîb
Messer siçîn / siçâçîn
Miete ijâr
mieten stajar, yistajir
Milch halîb a: laban
Minarett minâra / -ât
Minister wazîr / wuzara
Ministerium wazâra / -ât
Minute dagîga / dgâ'îg
mit bi / b- a: ma * a: wiyya
Mittag duhur
Mittagessen ghada
Mitte wasat
Mittlerer Osten ish-sharg il-awsat

möglich mumkin
Monat shahar / ashhir
morgen bâçir
Morgen sabâh
Moschee jâmi* / jawâmi* a: masyid
Moslem muslim / -în
Motor môtor
Motorrad môtorsaykil
müde ta*abân
Müll zabâla
Muezzin mu'adhdhin
Muharraq mharrag
Musandam musandam
Museum mathaf / matâhif
Musik musîqa
müssen lâzim
Mutter umm / ummahât a: wâlida / -ât

N

nach (Richtung) ila
nach (Zeit) ba*d
Nachbar jâr / jîrân
nachdenken fakkar, yifakkir
Nachmittag ba*d id-duhur
Nachricht chabar / achbâr
nächstes Mal il-marra il-jâya
Nacht lêla
Nadel ibra
nah garîb
Name ism / asâmi
nass ratb
Nationalität jinsiyya / -ât
Natur tabi*a
natürlich (nicht künstl.) tabi*
natürlich! tab*an
neben bi-jânib
nebenbei bemerkt! agûl!
nehmen achadh, yâchidh
nein lâ
neu jadîd
nicht mûb a: mush
nichts wa-lâ shayy
niedrig (kurz) gasîr
niemals abadan
niemand mahhad
noch einmal marra thâniya
Norden shamâl
normal *adi
nötig darûri
notwendig lâzim a: darûri
Nummer numra a: raqam / arqâm
nur bas

O

Oase wâha / -ât
ob in a: idha a: lau a: nçân
oben fôg
Obst fawâkih
oder walla a: aw
öffnen fitah, yiftah
oft kathîr a: marrât *adîda
ohne bidûn
zweifellos bidûn shakk
Öl (Erd-) batrôl a: naft
Öl (Speise-) zêt
Olive zêtûn
Oman saltanat *umân
Onkel (väterl.) *amm / a*amâm
Onkel (mütterl.) châl / achwâl
organisieren nazzam, yinazzim
Ort (Ortschaft) balad / bildân
Ort (Platz) makân / amkina
Osten sharg
Österreich in-nimsa
Österreicher nimsâwi

P / Q

paar, ein bâ*d + Mz
Paar zûj
Päckchen bâkiya sghêra
Paket tard / turûd
Palme nachla / -ât
Papier warag
Park bustân / basâtîn
Pass basbôr a: jawâz
Pause istirâha / -ât
Perle lûlu a: gmâsh
Perlentauchen ghôs
Perlentaucher ghês / ghâsa
Persien il-îrân a: il-fars
persischer Golf il-chalîj il-*arabi
Person insân / nâs
Plan chutta / chutat

Platz mukân / amkân
Politik siyâsa
Polizei shurta a: pôlîs
Polizist pôlîs
Post il-barîd
Postamt maktab il-barîd
Postkarte bôstkârd
Preis thaman a: si*ir
privat chusûsi
Problem mushkila / mashâkil
Programm barnâmij / barâmij
Qualität nau*iyya / -ât
Quittung fatûra / fawâtîr

R

Radiogerät râdyo
Ras al-Khaimah râs il-chêma
Rat (Tipp) nash
Rat (Versamml.) majlis
rauchen dachchan, yidachchin
Raum hijra / hijar
rechnen hasab, yihsib
Rechnung hisâb / -ât
Recht hagg / hugûg
Recht, du hast! ma*ak il-hagg!
rechts yimîn
reden haça, yihçi a: haka, yihki
Regen matar
Regenschirm shamsiyya
Regierung hukûma
registrieren sajjal, yisajjil
regnen nazal, yinzal il-matar
reich ghani
Religion dîn / adyân
Reise safar / asfâr a: rihla
reisen sâfar, yisâfir
Reisender musâfir / -în
Reisepass basbôr a: jawâz
Reiseschecks shêkât siyâhiyya
Reparatur taslîh
reparieren sallah, yisallih
reservieren hajaz, yihjiz
Respekt ihtirâm
Restaurant mat*am a: matâ*im
richtig sahh
Richtung il-jiha a: is-sôb
Riyad ir-riyâd
rufen da**a, yida**i
Ruhe râha / -ât
ruhig hâdi

S

Sache hâja / -ât a: shayy / ashyâ'
sagen gâl, yigûl
Salalah salâlah
Salz milh
sammeln jama*, yijma*
Sand raml
satt shaba*an a: shâbi*
Satz (Gramm.) jumla / -ât
sauber nazîf
sauber machen nazzaf, yinazzif
Saudi-Arabien is-su*ûdiya
aus Saudi-Arabien su*ûdi / -în
sauer (Geschmack) hâmid
Schallplatte a: CD dîsk
scharf harr
Schatten zill
Scheck shêk / -ât
Scheich shêch / shuyûch
Schere migass / magâss
schicken tarrash, yitarrish a: arsal, yirsal
Schiff safîna / sufun
Schiite shi*i / -în
schlafen nâm, yinâm
Schlafzimmer ghurfat in-nôm
schlagen darab, yidrub
schlecht bâtir
schließen bannad, yibannid
Schloss (Gebäude) gasr / gusûr
Schlüssel miftâh / mafâtih
schmackhaft tayyib a: ladhîdh
Schmerz alam / âlâm
schmutzig wasich
schneiden yigta* / gata*
schnell bi-sur*a
Schnurrbart shârib / shawârib
Schokolade shaklet
schön jamîl
Schrank dûlâb a: kabat
schreiben kitab, yiktib

Schuh jûti / jawâti
Schuld dhamb / dhunûb
schuldig sein *ind+bF idh-dhamb
Schule madrasa / madâris
Schüler tilmîdh / talâmîdh
schwach da*îf
schwanger hâmil
schweigen sakat, yiskut
Schweiz swîsra
Schweizer(in) swîsrî
schwer thagîl
Schwester uchut / achawât
schwierig sa*b
schwimmen sibah, yisbah
schwitzen *arig, yi*rig
See, der buhîra / -ât
See, die bahr / buhûr
sehen shâf, yishûf
Seide brîsam a: harîr
Seife sâbûn
Seil habal / ahbâl
sein çân , yiçûn a: kân, yikûn
seit mundhu
Seite (Buch) safha / -ât
Seite (Richtung) taraf / atrâf
Sekunde thaniyya / thawâni
selbst bi-rûh+bF
ich selbst bi-rûhi
selbstverständlich! tab*an!
setzen, sich jilas, yijlis
Sharjah ish-shârja
aus Sharjah shârji / -în
sicher akîd
sicher, ich bin âna muta'akkid
sie (Ez.) hiya
sie (Mz.) hum (m); him (w)
Sie inta (m); inti (w)
Silber fidda
singen ghanna, yighanni
sitzen jilas, yijlis
so ha-sh-shikil a: çidhi a: hâkada
sofort hâlan
sogar hatta
Sohn walad / wild a: ibn / abnâ
Soldat *askari / *asâkir
sollen lâzim +bF
Sommer sêf a: gêd
Sonne shams
Sparen tawfîr
sparen *amal, yi*mal tawfîr
spät muta'achchir
Speise wajba / -ât a: akl
Speisekarte a: mînû gaymat it-ta*âm
Spiel l*ab
spielen la*ab, yil*ab
Sport riyâda
Sprache lugha / -ât
sprechen tkallam, yitkallam
Spritze ibra / ibar
Staat wilâya / -ât a: dawla / duwal
Staatsangehörigkeit jinsiyya / -ât
Stadt madîna / mudun
stark gawi
stehen waggaf, yiwaggif
stehend wâgif
stehlen sarag, yisrig
Stein hajra / hijâr
Stelle, Ort makân
sterben mât, yimût
Stift galam / glâma
Stimme sawt
Stoff gimâsh
Strafe *agûba
Strand shatt / shutût
Straße shâri* / shawâri*
Streichhölzer kibrît
Strom kahraba
Stück git*a a: habba
Student tâlib / tullâb
Studentin tâliba / -ât
Stunde sâ*a / -ât
suchen dawwar, yidawwir
Süden janûb
Sultan sultân
Sunnit sunni / -în
Suppe sâlôna a: shorba
süß hilû
Syrien sûriyya

T

Tabak tabagh
Tablette habba / hubûb
Tag yôm / ayyâm
Tag (n. Nacht) nahâr
täglich kill yôm a: yômiyan
Tal wâdi / wudyân
Tankstelle shîsht il- batrôl a: mahattat el-benzîn
Tante (mütterl.) châla / -ât

Tante (väterl.) *amma / -ât
tanzen rigas, yirgus
Tasche çîs a: janta
Tasche (Hosen-) jêb / juyûb
Taxi taksi
Tee çây
Telefon talafôn / -ât a: hâtif
telefonieren talfan / yitalfin a: châbar, yichâbir
teuer ghâli
Teufel shaytân / shayâtin
Theater masrâh / masârih
tief *amîg
Tier hayawân / -ât
Tochter bint / banât
Tod môt
Toilette hammâm
Toilettenpapier warag il-hammâm
tot mayyit
töten gatal, yigtul
Tourist sâyih / suwwâh
Tradition *âda / -ât
tragen hamal, yihmil
traurig heazîn
treffen (mit), sich gâbal, yigâbil
Treppe daraj
trinken shirib, yishrab
Trinkgeld bachshîsh
trocken hâff a: yâbis
tschüss! bye bye!
tun *amal, yi*mal
Tür bâb / abwâb
Turm burj / abrâj
Tüte kîs a çîs

U

über (örtl.) *ala
überall fi killi makân
übermorgen *ugub bâçir a: ba*d bâçir
übersetzen tarjam, yitarjim
Übersetzer mutarjim / -în
übrig bâgi
Übung tamrîn
Uhr sâ*a / -ât
um fi / f-
um zu ... lajil
Umleitung tahwîla
Umm al-Qaiwain umm il-giwên
Umm al-Qaiwain, aus giwêni / -yyin
umtauschen baddal, yibaddil
umtauschen (Geld) saraf, yisrif
Umwelt bî'a
unbekannt mûb ma*rûf
und wa / w-
Unfall hâdith / hawâdith
ungefähr tagrîban a: hawâli
Universität jâmi*a / -ât
unmöglich mustahîl
unschuldig sein ma *ind+bF idh-dhanb
unten taht
unter taht
unterrichten (lehren) darras, yidarris
unterschreiben wagga*, yiwaggi*
Unterschrift taugî*
Urlaub ijâza a: *utla

V

Vater ubu / abâ' a: wâlid
Ventilator banka a: mirwaha / -ât
Verabredung maw*id
verabschieden, sich wadda*, yiwaddi*
verantwortlich mas'ûl / -în
verboten mamnû*
verboten (religiös) harâm
Verbrechen jarîma / jarâyem
Verbrecher mujrim
verdienen ribah, yirbah
Vereinigte Arabische Emirate il-imârât il-*arabiyya il-muttahida
vergessen nasa, yinsa
Vergnügen farah a: surûr
verirren, sich dâ*, yidî*
verkaufen bâ*, yibî*
verlassen tirak, yitrik a: sâr, yisîr
verletzt majrûh
Verletzung jarha / jurûh
verlieren (Dinge) dayya*, yidayyi*
vermieten ajjar, yi'ajjir
Versicherung ta'mîn / -at
verspäten, sich ta'achchar, yita'achchir
Verspätung ta'chîr / -ât
verstehen ftiham, yiftihim
versuchen hâwal, yihâwil

verrückt majnûn
viel wâjid a: kathîr
vielleicht yamkin a: kôd
Vogel tayr / tuyûr
Volk sha*ab / shu*ûb
voll malyân
von min
von (Besitz) hagg
vor (Ort) jiddâm a: guddâm
vor (Zeit) gabil
vorbereiten haddar, yihaddir
vorgestern awwal ams
vorher gabil hâdha
Vormittag gabil id-duhur
Vorname ism il-awwal
Vorschlag mugtarah / -ât
Vorsicht! intabih! a: bâlak
Vorwahlnummer arêa kôd

W

Wagen gâri / gawâri
wahr sahîh
während lamma a: lên
Wand sûr / aswâr
wann mata
Ware sil*a
warm hârr
warten stanna, yistanna a: sabar, yisabir
warum lêsh a: êsh hagga
was shû a: wêsh a: êsh
waschen ghasal, yighsil
Wasser mayy
Watte gutun
wechseln baddal, yibaddil
wechseln (Geld) saraf, yisrif
wecken gawwam, yigawwim
weder ... noch ... mûb ... mûb ...
Weg tarîg
wegen li'an
weggehen râh, yirûh
weiblich mu'annath
weil li'an
weinen baka, yabki
weit ba*îd
welcher ay
wenig galîl
wenn (als) lamma a: lên
wenn (falls) in a: idha a: lau a: nçân
wer man a: min a: mînu
werden sâr, yisîr
Westen gharb
Wetter jaw / ajwâ'
wichtig muhimm
wie kîf a: çîf
wieder marra thâniya
wiederholen karrar, yikarrir
wie viel kam a: çam a: gaddêsh
Wind rîh a: hawa
Winter shitâ
wir ihna a: nihin
Wirtschaft iqtisâd
wissen *iraf, ya*arif
wo wên a: fên
Woche subû* / asâbî*
woher min wên
wohin ila wên
wohnen sakan, yiskun
Wohnung shigga / shigag
Wolle sûf
wollen bagha, yibgha a: yabi
Wort kilma / kalâm a: çilma
Wörterbuch qâmûs / qawâmîs
Wunde jurh / jurûh
wünschen tamanna, yitmanna
Wüste sahra a: ramla

Z

zahlen difa*, yidfa*
Zahnarzt dachtôr il-asnân
Zahnbürste furshat il-asnân
zeigen rawwa, yirawwi
Zeit wagt a: hazza
Zeitung jarîda / jarâ'îd
Zelt chêma / chyâm
Zentrum (Stadt-) balad a: dîra a: markaz
Zigarette jigâra / jigâyir
Zimmer hijra / hijar a: ghurfa
Zoll jumruk a: taftîsh
zu Fuß mâshi
zufrieden mistânis
Zug gitâr
zusammen jamî*
zu vermieten! l-il-kirâ'
zweifellos bidûn shakk
zwischen bên

A

abadan niemals
abu zabi Abu Dhabi
achadh, yâchidh nehmen
achar andere
achîr letzter
*âda / -ât Tradition
*adi normal
afghânistân Afghanistan
*afwan! Entschuldigung!
*âgab, y*âgib bestrafen
*agûba Strafe
agûl! nebenbei bemerkt!
ahâd jemand
ahil Familie
ahsan besser
ahyânan manchmal
*ajîb merkwürdig
ajjar, yi'ajjir vermieten
*ajmân Ajman
ajnabi ausländisch
ajnabî fremd
ajnabi / ajânib Ausländer
akîd sicher
akil Essen
akl / -ât Lebensmittel
akthar mehr
*ala auf, über (örtl.)
*ala kill hâl jedenfalls
*ala tûl geradeaus
alam / âlâm Schmerz
*âli hoch
*âlim klug
allâh Gott
almâni deutsch
almâni / almân Deutsche(r)
almâniya Deutschland
*âm / a*wâm Jahr
*amal, yi*mal machen, tun
*amal, yi*mal tawfîr sparen
*amîg tief
*âmil / *ummâl Arbeiter
amîr Emir, Prinz
*âmiya Dialekt
*amm / a*amâm Onkel (väterl.)
*amma / -ât Tante (väterl.)
ams gestern
âna ich
âna muta'akkid ich bin sicher
*and bei
*arabi Arabisch
*arabi / *arab Araber
ard (w) Erde
*ard Ausstellung
arêa kôd Vorwahlnummer
*arig, yi*rig schwitzen
*arûs / *irsân Bräutigam
*arûsa / -ât Braut
asad / usûd Löwe
*âsh, yi*îsh leben (physisch)
*asha Abendessen
*âsima Hauptstadt
*askari / *asâkir Soldat
*ata, ya*ti geben
*atîj / -în alt (Dinge)
*atshân durstig
awwal ams vorgestern
ay welcher
*ayyil / *ayâl Kind
*âyla / *awâyil Familie
ayskrîm Eis (Speise-)
*azab ledig
azyan besser

B

ba*ad auch
bâb / abwâb Tür
bachshîsh Trinkgeld
bâçir morgen
bâ*, yibî* verkaufen
ba*d nach (Zeit)
bâ*d + Mz einige
bada, yibda anfangen
ba*dên dann
ba*d danach
ba*d bâçir übermorgen
ba*d il-marrât manchmal
baddal, yibaddil umtauschen, wechseln
ba*d id-duhur Nachmittag
baga, yibga bleiben
bagha, yibgha wollen
bâgi übrig
bahr / buhûr Meer
ba*îd fern, weit
baka, yabki weinen
bâkir früh
bâkiya sghêra Päckchen
balad / bildân Land (Staat), Ort
balad Zentrum (Stadt-)
bana, yabni bauen
bank / bnûk Bank
banka Ventilator

bannad, yibannid schließen
bantalûn / banâtlîn Hose
bârak, yibârik gratulieren
bard Kälte
bârid kalt, kühl
barnâmij / barâmij Programm
barra außen
bas nur
bâs, yibûs küssen
basbôr Pass, Reisepass
bashi* hässlich
basît leicht (Aufgabe)
bâtir schlecht
batri / batâri Batterie
batrôl Benzin, Erdöl
bdiwi / badu Beduine
bêda / bêd Ei
bên zwischen
benzîn Benzin
bêt / byût Haus
bgara / -ât Kuh
bi / b- durch, mit
bi / b- mit
bi*îr / ba*ârîn Kamel
bî'a Umwelt
bidûn ohne
bidûn shakk zweifellos
bi-ha-s-sabab deshalb
bi-hudu' langsam
bi-jânib neben
binâya / -ât Gebäude
bint / banât Mädchen, Tochter
bîr / abyâr Brunnen
bîra Bier
bi-rûh-(+bF) allein, selbst
bi-rûhi ich selbst
bi-sawt *ali laut
bi-sur*a schnell
bitâga / -ât Karte
bitâgat ish-shachsiyya Ausweis
b-iz-zabt genau
blâsh kostenlos
bôstkârd Postkarte
botil / btâla Flasche
brîsam Seide
btasam, yibtasam lächeln
buhîra / -ât See
burj / abrâj Turm
bûsa / -ât Kuss
bustân / basâtîn Park, Garten
bûza Eis (Speise-)
bye bye! tschüss!

C / D

çalb / çilâb Hund
çâf , yiçûf anschauen
çân , yiçûn sein
çây Tee
chabar / achbâr Nachricht
châbar, yichâbir telefonieren
chabbar, yichabbir benachrichten
châf, yichâf Angst haben
châf, yichâf men fürchten, sich (vor)
chafîf leicht (Gewicht)
châl / achwâl Onkel (mütterl.)
châla / -ât Tante (mütterl.)
chalâs! genug!
chalf hinter
challas, yichallis aufhören, beenden
charîf Herbst
chârij Ausland
charîta / charâyit Landkarte
chatar Gefahr
chatîr gefährlich
chatt, chutût Linie
chêma / chyâm Zelt
chêt / chuyût Faden
chôf Angst
chubiz Brot, Gebäck
chudar Gemüse
churûj Ausgang, Ausreise
chusûsi privat
chutta / chutat Plan
çibîr groß
çingâl / çanâgîl Gabel
çîs Tasche
daa, yida**i** rufen, schreien
dâ*, yidî* verirren, sich
dâ*a, yidâ*i jmd. einladen
da*îf schwach
da*wa Einladung
dachchan, yidachchin rauchen
dachtôr / dachtôra Arzt
dachtôr il-asnân Zahnarzt
daftar / dafâtir Heft
dagg, yidigg klingeln
dagîga / dgâ'îg Minute
dahak, yidhik lachen
dâ'iman immer

daktôr Arzt
dâm, yedûm dauern
dâr / dûr Haus
darab, yidrub schlagen
daraj Treppe
darras, yidarris lehren
darûri nötig
dashsh, yidishsh eintreten
daû Licht
dâw Dhau
dawa / adwiya Medikament
dawli international
dawwar, yidawwir suchen
dâyra / dawâyir Abteilung
dayya*, yidayyi* verlieren (Dinge)
dayyiq eng
dbayy Dubai
dêf / dyûf Gast
dhâg, yidhûg kosten (probieren)
dhahab Gold
dhakar, yadhkur sich erinnern
dhaki intelligent
dhamb / dhunûb Schuld
didd gegen
difa*, yidfa* (be)zahlen
dikkân / dakâkîn Geschäft, Laden
dîn / adyân Religion
dirîsha / dirâyish Fenster
dîsk Schallplatte, CD
diskô Diskothek
diyâfa Gastfreundschaft
drêwil Chauffeur
dubayy Dubai
dughri geradeaus
duhur Mittag
dûlâb Schrank
dûr / adwâr Etage
dûsh Dusche

F

fâdi frei (Zimmer), leer
fagîr arm
fakka Kleingeld
fakkar, yifakkir denken
fallâh Bauer
fann / funûn Kunst
fannân / -în Künstler
fâr, firân Maus
farah Vergnügen
farhân fröhlich
farih, yifrah sich freuen
fasl / fusûl Jahreszeit
fatûr Frühstück
fatûra / fawâtîr Quittung
fawâkih Früchte, Obst
fên wo
fi / f- in, um
fi killi makân überall
fidda Silber
filim, aflâm Film
fitah, yiftah öffnen
flûs Geld
fôg oben
ftiham, yiftihim verstehen
fundug / fanâdig Hotel
fulân irgend (-wer / -was)
furshat il-asnân Zahnbürste

G

gâbal, yigâbil empfangen, sich treffen (mit)
gabil bevor
gabil hâdha vorher
gabil id-duhur Vormittag
gaddêsh wie viel
gafsha / -ât Löffel
gahwa Café, Kaffee
gâl, yigûl sagen
galam / glâma Stift
galîl etwas (wenig), bisschen
gâm, yigûm aufstehen
gamh Korn (Getreide)
ganûn, gawânin Gesetz
gara, yigra lesen
garâj Autowerkstatt
gâri / gawâri Wagen
garîb nah
garîban bald
garya / gurâ Dorf (Ortschaft)
gasîr niedrig, kurz
gasr / gusûr Burg, Schloss
gatal, yigtul töten
gawâ'id Grammatik
gawi stark
gawwam, yigawwim wecken
gaymat it-ta*âm Speisekarte
gâz Gas
gdar, yigdir können (echtes Verb)
ghada Mittagessen
ghalat falsch

ghâli teuer
ghani reich
ghanna, yighanni singen
gharb Westen
ghasal, yighsil waschen
ghêr außer
ghês̲ / ghâs̲a Perlentaucher
ghôs̲ Perlentauchen
ghurfa Zimmer
ghurfat in-nôm Schlafzimmer
gimâsh Stoff
git̲*a Stück
git̲ar Zug
git̲âr Katar
git̲ari / -yyin Katari
giwêni / -yyin aus Umm al-Qaiwain
glâs̲ / -ât Glas (Trink-)
gmâsh Perle
guddâm vor (Ort)
gubâl gegenüber
guns̲uliyya Konsulat
gut̲un Watte

H

h̲abal / ah̲bâl Seil
h̲abb, yih̲ibb lieben
h̲abba / h̲ubûb Tablette
h̲abs Gefängnis
h̲aça, yih̲çi erzählen, reden
h̲ad̲d̲ar, yih̲ad̲d̲ir vorbereiten
hâdi ruhig
h̲adîd Eisen
h̲adîga / h̲adâyig Garten
h̲âd̲ir bereit
h̲âdith / h̲awâdith Unfall
hadiyya / hadâya Geschenk
h̲âff trocken
h̲afla / -ât Feier
h̲aflat musîqiyya Konzert (Musik)
h̲agâyib Gepäck
h̲agg / h̲ugûg Recht
h̲agl / h̲ugûl Feld (Acker)
h̲âja / -ât Ding, Sache
h̲ajaz, yih̲jiz reservieren
h̲ajra / h̲ijâr Stein
h̲aka, yih̲ki erzählen, reden
hâkada so
h̲âlan sofort
halh̲în jetzt
h̲alîb Milch
h̲allâg / -în Friseur
h̲amal, yih̲mil tragen
h̲âmid̲ sauer (Geschm.)
h̲âmil schwanger
hamm, yihimm bi- sich interessieren
h̲ammad̲, yih̲ammid̲ entwickeln (Film)
h̲ammâm Toilette
h̲ammâm / -ât Badezimmer
h̲ammam, yih̲ammim baden
h̲arag, yih̲arig brennen
h̲arâm verboten (religiös)
h̲arâmi Dieb
h̲arb / h̲urûb Krieg
h̲arb il-chalîji Golfkrieg
h̲arf / h̲urûf Buchstabe
h̲arg Brand
h̲arîr Seide
h̲ârr heiß, scharf
h̲asab, yih̲sib rechnen
h̲as̲al, yih̲s̲il erhalten
h̲ashîsh Gras
ha-sh-shikil so
h̲as̲s̲al, yih̲as̲s̲il finden
h̲at̲ab Holz
hâtif Telefon
h̲atta sogar
hawâ Luft
h̲âwal, yih̲âwil versuchen
h̲awâli ungefähr
h̲ayât Leben
h̲ayawân / -ât Tier
h̲az̲z̲ Glück
h̲azza Zeit
hdûm Kleidung
heazîn traurig
h̲ijra / h̲ijar Raum, Zimmer
h̲ikâya / -ât Geschichte (Erzähl.)
h̲ilû süß
him (w) sie (Mz.)
hini hier
h̲isâb / -ât Rechnung
hiya sie (Ez.)
h̲tafal, yih̲tafil feiern
h̲tâj, yih̲tâj brauchen
h̲udûd Grenze
h̲ukûma Regierung
hum (m) sie (Mz.)
h̲umma Fieber
h̲urma / h̲arîm Frau
h̲urr frei
h̲urriya Freiheit
huwa er

I / J

î ja
ibn / abnâ Sohn
ibra Nadel
ibra / ibar Spritze
ichrâj Ausfuhr
***îd / a*yâd** Fest (religiös)
idâra Behörde
id-dôha Doha
***îd milâd** Geburtstag
idha ob
iflu'ênza Grippe
ihna wir
ihnâk da, dort
ihni hier
ihtirâm Respekt
ijâr Miete
ijâza Urlaub
ijra Fahrpreis
il-*irâq Irak
ila nach (Richtung)
ila ihnak dorthin
ila wên wohin
ilâj Medikament
il-bahrên Bahrain
il-barîd Post
il-chalîj il-*arabi persischer Golf
il-fars Persien
il-fijêra Fujairah
il-hind Indien
il-imârâtil-*arabiyya il-muttahida Vereinigte Arabische Emirate
il-îrân Iran
il-îrân Persien
il-jiha Richtung
il-jizîrat il-*arabiyya arabische Halbinsel
il-kwêt Kuwait
illa außer
il-lubnân Libanon
il-manâma Manama
il-marra il-jâya nächstes Mal
il-qur'ân Koran
il-urdun Jordanien
il-yemen Jemen
il-yôm heute
***imâra / -ât** Gebäude
in lau ob, wenn
***ind-(+bF)** haben
***ind+bF idh-dhamb** schuldig sein
ingilîzi englisch
ingilîzi / ingilîz Engländer
in-nâs Leute
in-nimsa Österreich
innu dass
insân / nâs Mensch, Person
in-sha'-allah hoffentlich
inta (m) du, Sie
intabih! Vorsicht!
inti (w) du, Sie
intin (w) ihr
intum (m) ihr
***inwân / *anâwin** Adresse
iqâma Aufenthalt
iqtisâd Wirtschaft
***iraf, ya*arif** kennen, wissen
ir-riyâd Riyad
ishâl Durchfall
ish-sharg il-awsat Mittlerer Osten
ish-shârja Sharjah
islâm Islam
ism / asâmi Name
ism il-awwal Vorname
is-sôb Richtung
is-su*ûdiya Saudi-Arabien
istirâha / -ât Pause
jâ, yaji kommen
jâb, yijîb bringen, holen
jabal / jbâl Berg
jadîd neu
jâhiz fertig
jalbût / jalâbît Boot
jama*, yijma* sammeln
jamâ*a Gruppe
jamî* zusammen
jâmi* / jawâmi* Moschee
jâmi*a / -ât Universität
jamîl hübsch, schön
janta / jinat Koffer, Tasche
janûb Süden
jâr / jîrân Nachbar
jara, yijri laufen, rennen
jarha / jurûh Verletzung
jarîda / jarâ'îd Zeitung
jarîma / jarâyem Verbrechen
jars Klingel
jaw / ajwâ' Wetter
jawâb Antwort
jâwab, yijâwib antworten
jawâz Pass, Reisepass
jêb / juyûb Hosentasche

jibâl Gebirge
jiddah Jiddah
jiddâm vor (Ort)
jigâra / jigâyir Zigarette
jilas, yijlis sich setzen, sitzen
jild Leder
jinsiyya / -ât Nationalität
jisr / jusûr Brücke
jizîra / juzur Insel
jû* Hunger
jubn Käse
jumla / -ât Satz (Grammatik)
jumruk Zoll
jurh / jurûh Wunde
jûti / jawâti Schuh

K

kabat Schrank
kadhab, yikdhib lügen
kadhâlik auch
kadhdhâb / -în Lügner
kahraba Strom
kal, yâkil essen
kalb / kilâb Hund
kallaf, yikallif kosten (Preis)
kam gaddêsh wie viel
kâmil ganz
kân, yikûn sein
karrar, yikarrir wiederholen
kâsêt têb Kassette
kâsh Bargeld
kaslân faul (träge)
kathîr oft
kêmara Fotoapparat
kibîr / kbâr alt (Personen), groß
kibrît Streichhölzer
kîf wie
kill alles
kill marra jedes Mal
kill wâhid jeder
kill yôm täglich
kilma / kalâm Wort
kirfâya / -ât Bett
kîs a çîs Tüte
kitab, yiktib schreiben
ktâb / kutub Buch
kuttâb / katâtîb Koranschule
kwêti / -yyin Kuwaiti

L

l*ab Spiel
lâ nein
la*ab, yil*ab spielen
laban Milch
laff, yiliff abbiegen drehen
lahja Dialekt
lahm / luhûm Fleisch
lajil damit, um ... zu
lamba / -ât Lampe
lamma als (zeitl.), während, wenn
lau ob
lâzim müssen
lâzim +bF sollen, brauchen
lâzim es ist dringend, notwendig
lêla Abend, Nacht
lên bis, als (zeitl.), während, wenn
lêsh warum
li / l- für
li'an darum, wegen, weil
libas, yilbas anziehen, sich
l-il-kirâ' zu vermieten!
lôn / alwân Farbe
lugha / -ât Sprache
lûlu Perle

M

ma * mit
m*arûf berühmt
ma *alê! egal
ma *ind+bF idh-dhanb unschuldig sein
ma*ak il-hagg! du hast Recht!
ma*lumât Information
ma*na Bedeutung
madchal Eingang
madîna Madina
madîna / mudun Stadt
madrasa / madâris Schule
magâs Größe (Kleidung)
mahatta Bahnhof, Haltestelle
mahbûl dumm
mahhad niemand
majlis Rat (Versamml.)
majnûn verrückt
majrûh verletzt
makân Stelle, Ort
makân / amkina Ort (Platz)
makka Mekka

maksûr kaputt
maktab / makâtib Büro
maktab il-barîd Postamt
maktûb / makâtîb Brief
mâlik König
malyân voll
mamlaka Königreich
mamnû* verboten
man wer
manshafa Handtuch
masyid Moschee
marîd krank
markaz Zentrum (Stadt-)
marra / -ât Mal
marra thâniya noch einmal
marra wâhda einmal
masa Abend
mâshi zu Fuß
mashhûr berühmt
mashkûr danke
mashrûba / -ât Getränk
masir Ägypten
masna* Fabrik
masqat Masqat
masqati aus Masqat
masrâh / masârih Theater
masrûr glücklich
mas'ûl / -în verantwortlich
mât, yimût sterben
mata wann
mat*am / matâ*im Restaurant
matar Regen
matâr Flughafen
matbach / matâbich Küche
mathaf / matâhif Museum
mathalan zum Beispiel
maugif / mawâgif Haltestelle
maw*id Verabredung
mayy Wasser
mayyit tot
mharrag Muharraq
miftâh / mafâtih Schlüssel
migass / magâss Schere
mihna Beruf
mikanîki Mechaniker
milh Salz
milk / amlâk Eigentum
min als (Vergleich), aus, von
min wer
min fadlak Bitte
mînu wer
min wên woher
mîna / mawâni Hafen
minâra / -ât Minarett
mînû Speisekarte
mirwaha / -ât Ventilator
misha, yimshi gehen
mista*jil eilig
mistânis zufrieden
môt Tod
môtor Motor
môtorsaykil Motorrad
mu*allim / -în Lehrer
mu'adhdhab höflich
mu'adhdhin Muezzin
mu'annath weiblich
mûb ... mûb ... weder... noch...
mûb nicht
mûb ma*rûf unbekannt
muchâbara Gespräch
mudda Dauer
mudda tawîla lange Zeit
mudîr Chef, Direktor
mugaddas heilig
mughlag geschlossen
mugtarah / -ât Vorschlag
muhandis / -în Ingenieur
muhimm wichtig, interessant
mujrim Verbrecher
mukân / amkân Platz
mulawwan bunt
mumill langweilig
mumkin können, möglich
mumtâz / -în ausgezeichnet
mumti* interessant
munâqasha Aussprache
mundhu seit
muqâbil gegenüber
murîh gemütlich
musâ*da Hilfe
musâfir / -în Reisender
musandam Musandam
mush nicht
mushkila / mashâkil Problem
musîqa Musik
muslim / -în Moslem
mustahîl unmöglich
mustashfa Krankenhaus
muta'achchir spät
mutarjim / -în Dolmetscher, Übersetzer
muwâfig! einverstanden!
muwazzaf Angestellter

N

na*am ja
nachla / -ât Palme
nâdi Klub
naft Erdöl
nahâr Tag (nicht Nacht)
nahr / anhâr Fluss
nahu Grammatik
najâh Erfolg
nâm, yinâm schlafen
nâr Feuer
nasa, yinsa vergessen
nasah, yinsah jmd. beraten
nash Rat (Tipp)
nau*iyya / -ât Qualität
nazâfa Hygiene
nazal, yanzil aussteigen
nazal, yinzal il-matar regnen
nazâra / -ât Brille
nazîf sauber
nazzaf, yinazzif sauber machen
nazzam, yinazzim organisieren
nçân ob
nihâya Ende
nihin wir
nimsâwi Österreicher
nuhâs Kupfer
numra Nummer
nûr Licht
nuss Hälfte

O / P / Q

otobês / -ât Bus
pâs / -ât Bus
pôlîs Polizist
qâmûs / qawâmîs Wörterbuch

R

râ*i / -în Besitzer
rabah, yirbah gewinnen
rabî* Frühling
rachîs billig
râdyo Radiogerät
râh, yirûh abfahren, weggehen
râha / -ât Ruhe
rajâ, yirjû hoffen
rajil / rjal Ehemann, Mann
rakab, yirkab einsteigen
raml Sand
ramla Wüste
raqam / arqâm Nummer
râs il-chêma Ras al-Khaimah
rasam, yirsim malen
ratb nass
rawwa, yirawwi zeigen
ray Meinung
rayyâl / rayâyîl Mann
rayyis / -în Chef
ribah, yirbah verdienen
rîf Land (nicht Stadt)
rifîj Freund
rigas, yirgus tanzen
rîh Wind
rihla Reise
rijil / rijlîn Fuß
risâla / rasâyil Brief
riyâda Sport
ruchsat siyâga Führerschein
rusûm Gebühr
ryûg Frühstück

S

sâ*a / -ât Stunde, Uhr
sâ*ad, yisâ*id helfen
sa*b kompliziert, schwierig
sa'al, yis'al fragen
sabab / asbâb Grund
sabâh Morgen
sabar, yisabir warten
sâbûn Seife
saddag, yisaddig glauben
sadîg Freund
sadr Brust(korb)
safar / asfâr Reise
sâfar, yisâfir (ab)reisen
safha / -ât Seite (Buch)
safîna / sufun Schiff
sâg / yisûg fahren
saghîr jung, klein
sahâfi / -în Journalist
sahh echt, richtig
sahha Gesundheit
sahîh wahr
sâhib Freund
sahl einfach
sahra Wüste

saidaliya Apotheke
sajjal, yisajjil registrieren
sakan, yiskun wohnen
sakat, yiskut schweigen
sâkin / sukkân Einwohner
sakrân betrunken
salâlah Salalah
salâm Frieden
salâm / -ât Gruß
sâlih gültig
sâlim gesund
sallah, yisallih reparieren
sallam, yisallim *ala begrüßen jmd., (sich) grüßen
sâlôna Suppe
saltanat *umân Oman
samâ Himmel
samah, yismah erlauben
samîn / simân dick
sammâç Fischer
sana / sinîn Jahr
sanawi jährlich
sandûg Kasse
sandûg il-barîd Briefkasten
sâr, yisîr verlassen
sâr, yisîr werden
saraf, yisrif umtauschen (Geld), wechseln
sarag, yisrig stehlen
sârig / -în Dieb
sawt Stimme
sawwar, yisawwir fotografieren
sâyig Chauffeur
sâyih / suwwâh Tourist
sayyâra / -ât Auto
sayyid / sâda Herr
sêf Sommer
sha*ab / shu*ûb Volk
sha*ar, yish*ur sich fühlen
shaba*an satt
shâbi* satt
shâf, yishûf sehen
shahar / ashhir Monat
shajara / shijar Baum
shaklet Schokolade
shakwa / shakâwi Beschwerde, Klage
shamâl Norden
shams Sonne
shamsiyya Regenschirm, Sonnenschirm
sharah, yishrah erklären
sharg Osten
shâri* / shawâri* Straße
shârib / shawârib Bart
sharîf ehrwürdig
sharika / -ât Firma, Gesellschaft
shârji / -în aus Sharjah
sharshaf Bettzeug
shatt / shutût Strand
shaytân / shayâtin Teufel
shayy etwas
shêch / shuyûch Scheich
shêk / -ât Scheck
shêkât siyâhiyya Reiseschecks
shi*i / -în Schiite
shi*ir Haar
shigga / shigag Wohnung
shimâl links
shirad, yishrid (weg)laufen
shirib, yishrab trinken
shîsht il- batrôl Tankstelle
shitâ Winter
shôka / -ât Gabel
shorba Suppe
shtaghal, yishtaghil arbeiten
shtika, yishtiki *ala sich beschweren
shtira, yishtiri kaufen
shû was
shughul / ashghâl Arbeit
shukran danke
shurta Polizei
shu'ûr Gefühl
shwayy bisschen
shwayy shwayy langsam
sibah, yisbah schwimmen
siçîn / siçâçîn Messer
sîda geradeaus
sîfâra Botschaft (dipl.)
si*ir Preis
sijn Gefängnis
sikan, yiskin leben (wohnen)
sil*a Ware
sima*, yisma* hören
simaç Fisch
sinâ*a Industrie
sinâ*i künstlich
sînama / -ât Kino
sirga Diebstahl

siyâsa Politik
sta*jal, yista*jil beeilen, sich
sta*mal, yista*mil benutzen
stajar, yistajir mieten
stanna, yistanna warten
starâh, yistarîh ausruhen, sich
starâh, yistarîh erholen, sich
surûr Vergnügen
su*ûdi / -în aus Saudi-Arabien
su'âl / as'ila Frage
subû* / asâbî* Woche
sûf Wolle
sûg / aswâg Markt
sultân Sultan
sunni / -în Sunnit
sûr / aswâr Wand
sûra / suwar Bild, Foto
sûriyya Syrien
swîsra Schweiz
swîsrî Schweizer(in)

T

t*arraf, yit*arrif bi- sich bekannt machen
taam, yita**im didd** impfen gegen
ta*abân müde
ta*âl! komm her!
ta*allam, yit*allam lernen
ta*âm Essen
ta*arraf, yita*arraf *ala (jmd.) kennen lernen
ta'achchar, yita'achchir verspäten, sich
tab*an! selbstverständlich!
tabach, yitbach kochen
tabagh Tabak
tabbâch Koch
tabi* natürlich (nicht künstl.)
tâbi* / tawâbi* Briefmarke
tabi*a Natur
tâbig / tawâbig Etage
ta'chîr / -ât Verspätung
tadhkâr Andenken
tadhkara / tadhâkir Fahrkarte, Flugticket
tafkîr Erinnerung
taftîsh Zoll
tagrîban etwa, fast, ungefähr
taht unten, unter
tahwîla Umleitung
tâjir / tujjâr Händler
taksi Taxi
talab, yatlub bestellen
talab, yitlab bitten
talafôn / -ât Telefon
talawizyôn Fernsehgerät
talfan / yitalfin telefonieren
tâlib / tullâb Student
tâliba / -ât Studentin
tamanna, yitmanna wünschen
ta'mîn / -at Versicherung
tamrîn Übung
târ, yitîr fliegen
taraf / atrâf Seite (Richtung)
tarah, yitrah legen
tard / turûd Paket
tarîch Geschichte (Hist.)
târîch Datum
tarîg Weg
tarîg il-hadîd Eisenbahn
tarjam, yitarjim übersetzen
tarrash, yitarrish schicken, senden
tasallaf, yitsallaf leihen
tashakkar, yitashakkir danken
taslîh Reparatur
taugî* Unterschrift
tawfîg Erfolg
tawfîr Sparen
tawîl lang (Entfernung)
tayr / tuyûr Vogel
tayyâra Flugzeug
tayyib gut schmackhaft
tbîb Arzt
thagîl schwer (n. leicht)
thalâja / -ât Kühlschrank
thalj Eiswürfel
thaman Preis
thaniyya / thawâni Sekunde
tifl / atfâl Kind
tijâra Handel

tilmîdh / talâmîdh Schüler
tirak, yitrik lassen, verlassen
tkallam, yitkallam sprechen

U

ubu / abâ' Vater
uchu / ichwân Bruder
uchut / achawât Schwester
***ugb** hinter
ughniyya / aghânin Lied
***ugub** danach
***ugub bâçir** übermorgen
ujra / ujûr Lohn, Gehalt
umm / ummahât Mutter
umm il-giwên Umm al-Qaiwain
***umur** Leben
***umur / *mâr** Alter
utêl Hotel
***utla** Ferien, Urlaub

W

wa / w- und
wadda*, yiwaddi* sich verabschieden
wâdi / wudyân Tal
wagaf, yûgaf halten
wagga*, yiwaggi* unterschreiben
waggaf, yiwaggif anhalten, stehen
wâgif stehend
wagt Zeit
wâha / -ât Oase
wâhda eine
wâhid einer, jemand
wajba / -ât Speise
wâjid viel
wa-lâ shayy nichts
walad / wild Sohn
walad / wlâd Junge
wa-lâkin aber
wâlid Vater
wâlida / -ât Mutter
wâlidên Eltern
walla oder
warâ hinter
warag Papier
warag il-hammâm Toilettenpapier
warga / urâg Blatt
wasat Mitte
wasi* breit
wasich schmutzig
wassa, yiwassi empfehlen
wazâra / -ât Ministerium
wazîr / wuzara Minister
wazn Gewicht
wên wo
wêsh was
wilâya / -ât Staat
wisal, yôsal ankommen
wiyya mit
wusûl Ankunft

Y / Z

yâbis trocken
ya*ni das heißt
yadd / aydâd Großvater
yadd / -ên Hand
yadda / -ât Großmutter
yahûdi jüdisch
yahûdi / yahûd Jude
yallah! los!
yamkin vielleicht
yamkin li-(+bF) können
yigta* / gata* schneiden
yimîn rechts
yisâr links
yôm / ayyâm Tag
yômiyan täglich
zabâla Müll
zahra / zahar Blume
zamân tawîl lange Zeit
zann, yizinn meinen
zâr, yizûr besichtigen, besuchen
zara* Getreide
zarf / zurûf Briefumschlag
zawj / azwâj Ehemann
zawja / -ât Ehefrau
zawâj Heirat
zên gut
zêt Speiseöl
zêtûn Olive
zibyâni aus Abu Dhabi
zill Schatten
zirâ*a Landwirtschaft
ziyâra / -ât Besichtigung Besuch
zûj Paar

Literaturhinweise

Wer sich näher mit dem Golf-Arabisch befassen will, dem seien folgende Werke empfohlen.

Hamdi A. Qafisheh **A Basic Course in Gulf Arabic.**
Librairie du Liban & The University of Arizona Press, 1975. Ist als weiterführendes Lehrwerk sehr gut. Es gibt auch das darauf aufbauende Lehrbuch **Gulf Arabic Intermediate Level**, in dem auch die Schrift vermittelt wird.

Rosina-Fawzia B. Al-Rawi Auf Deutsch sei hier empfohlen:
Studien zum Arabischen Dialekt von Abu Dhabi.
Julius Groos Verlag, Heidelberg. Dieses Lehrbuch befasst sich vor allem mit der Grammatik. Es ist speziell für den nützlich, der bereits etwas Hocharabisch spricht.

Gulf Arabic
Von der britischen "Teach Yourself" Reihe des Hodder & Stoughton Verlages, eignet sich gut als weiterführendes Werk.

Ridha Al-Khayyat und Khalil M. El-Sayed. **Arabic as spoken in Saudi-Arabia and Kuwait.**
Dieses Büchlein empfehle ich dem, der sich näher mit dem saudi-arabischen und kuwaitischen Arabisch befassen möchte.

Handbuch der arabischen Dialekte.
Es bietet einen guten Überblick der verschiedenen Dialekte der arabischen Welt (also nicht nur am Golf). Es wurde 1980 vom Otto Harrassowitz Verlag in Wiesbaden herausgegeben.

Der Autor

Daniel Krasa

wurde 1976 in Wien geboren. Seit seinem 15. Lebensjahr interessiert er sich für die arabische Sprache und ihre Dialekte. Er bereiste häufig die arabische Welt und studierte Hocharabisch in Jordanien.

Mit dem Golf-Arabischen befasste er sich ausführlich während eines längeren Aufenthaltes in Abu Dhabi und dem Oman.

Zur Zeit lebt und studiert er in Bombay (Indien) und verbessert eine der 15 Fremdsprachen, die er spricht. Es ist gut möglich, dass er schon bald wieder in einem arabischen Land Fuß fasst. Daniel schrieb auch den Kauderwelsch-Band Algerisch-Arabisch.